Cinco Lições sobre a Teoria de Jacques Lacan

Transmissão da Psicanálise
diretor: Marco Antonio Coutinho Jorge

J.-D. Nasio

Cinco Lições sobre a Teoria de Jacques Lacan

Tradução:
Vera Ribeiro
psicanalista

ZAHAR

Título original:
Cinq leçons sur la théorie de Jacques Lacan

Tradução autorizada da primeira edição francesa, publicada em 1992 por Éditions Rivages, de Paris, França, na coleção Rivages / Psychanalyse dirigida por J.-D. Nasio.

Jorge Zahar Editor Ltda.
rua Marquês de S. Vicente 99 – 1º
22451-041 Rio de Janeiro, RJ
tel (21) 2529-4750 / fax (21) 2529-4787
editora@zahar.com.br
www.zahar.com.br

Grafia atualizada respeitando o novo Acordo Ortográfico da Língua Portuguesa

Capa: Sérgio Campante

CIP-Brasil. Catalogação na fonte
Sindicato Nacional dos Editores de Livros, RJ

Nasio, J.-D.
N211c Cinco lições sobre a teoria de Jacques Lacan / J.-D. Nasio; tradução, Vera Ribeiro. — Rio de Janeiro: Zahar, 1993.
(Transmissão da psicanálise)

Tradução de: Cinq leçons sur la théorie de Jacques Lacan
ISBN: 978-85-7110-253-8

1. Lacan, Jacques, 1901-1981. 2. Psicanálise – Discursos, conferências etc. I. Título. II. Série.

CDD: 150-195
93-000-5 CDU: 159.964.2

Sumário

Na primavera de 1982, fui convidado a Cáli, na Colômbia, para realizar um seminário de cinco dias sobre a teoria de Jacques Lacan. Ao retomar hoje, em 1992, a transcrição desse seminário, fui levado a reformulá-lo profundamente em seu conteúdo e sua forma. Entretanto, esforcei-me por preservar na fala escrita as qualidades originais de vivacidade, espontaneidade e concentração íntima que são próprias do estilo oral do diálogo.

Dedico estas páginas ao grupo de psicanalistas colombianos, como recordação de uma apaixonante experiência de ensino. Gostaria de exprimir aqui meu reconhecimento a Ana Bedouelle, por ter tido a gentileza de traduzir do espanhol a versão inicial do seminário de Cáli.

As páginas seguintes não pretendem, de maneira alguma, ser exaustivas, nem dizer a verdade última da obra lacaniana. Estas lições expõem o que constitui, a meu ver, os dois grandes pilares da teoria de Jacques Lacan, o inconsciente e o gozo, bem como os conceitos deles derivados: os de significante, sujeito do inconsciente e objeto *a*. Tive que renunciar a abordar inúmeros aspectos dessa obra e me concentrar apenas nos conceitos que, em minha opinião, melhor revelam a lógica implícita do pensamento de Lacan. Assim, de certo modo, é um Lacan "meu" que apresento nestas páginas. Por isso é que a imagem de Lacan refletida neste livro não é a do homem, de seus textos ou de seu estilo, mas a de uma lógica, de um esquema essencial de pensamento que me guia na prática com meus pacientes.

O melhor ensinamento que recebi de Lacan foi esta liberdade de tratar um autor a ponto de recriá-lo.

Primeira Lição

O sintoma

Signo e significante

O inconsciente e a repetição

Que é o gozo?

Gozo fálico, mais-gozar e gozo do Outro

O prazer

Optei por lhes apresentar os dois princípios fundamentais da teoria psicanalítica de Jacques Lacan, um relativo ao inconsciente, outro relativo ao gozo. O primeiro princípio se enuncia: "*O inconsciente é estruturado como uma linguagem*"; e o segundo: "*Não existe relação sexual.*" Eu diria que esses dois princípios são os pilares de sustentação do edifício teórico da psicanálise, as premissas de onde tudo decorre e para onde tudo retorna, e que fundam uma ética do psicanalista. De fato, quando o psicanalista reconhece essas proposições e as submete à prova de sua clínica, sua escuta é singularmente modificada por elas. Para me guiar, pretendo servir-me de um conceito — o de *sintoma* — que nos conduzirá, inicialmente, ao princípio relativo ao inconsciente, e depois, ao relativo ao gozo. Assim, por enquanto, aceitemos a tríade sintoma-inconsciente-gozo e formulemos imediatamente a pergunta: que é, para nós, um sintoma?

A tríade sintoma, inconsciente e gozo

O sintoma é, propriamente falando, um evento na análise, uma das imagens através das quais a experiência se apresenta. Nem todas as experiências analíticas são sintomas, mas todo sintoma que se manifesta no correr da análise constitui uma experiência analítica. A experiência é um fenômeno pontual, um momento singularmente privilegiado que marca e baliza o percurso de uma análise. A experiência é uma série de momentos esperados pelo psicanalista, momentos fugazes e, além disso, ideais, tão ideais quanto os pontos na geometria. No entanto, a experiência não é somente um ponto geométrico abstrato;

A experiência analítica

tem também uma face empírica, eu diria até sensível, uma face perceptível pelos sentidos, que se apresenta como *o instante em que o paciente diz e não sabe o que diz*. É o momento do balbucio, ali onde o paciente gagueja, o instante em que ele hesita e sua fala se subtrai. Dizem que os psicanalistas lacanianos interessam-se pela linguagem, e eles são erroneamente assemelhados aos linguistas. Erroneamente, porque os psicanalistas não são linguistas. Os psicanalistas certamente se interessam pela linguagem, mas se interessam unicamente no limite em que a linguagem tropeça. Ficamos atentos aos momentos em que a linguagem se equivoca e a fala derrapa. Tomemos um sonho, por exemplo: atribuímos mais importância à maneira como o sonho é contado do que ao sonho em si; e não apenas à maneira como é contado, mas, principalmente, ao ponto exato do relato em que o paciente duvida e diz: "Não sei... não me lembro mais... talvez... provavelmente..." É a esse ponto que chamamos *experiência*, a face perceptível da experiência: um balbucio, uma dúvida, uma palavra que nos escapa.

Isso, quanto à face empírica. Passemos agora à face abstrata da experiência analítica e completemos nossa definição. Eu tinha dito que a experiência constituía o ponto limite de uma fala, o instante em que a fala fracassa. Mas, neste momento, acrescento: onde a fala fracassa, aparece o *gozo*. Mudamos, estamos agora instalados num registro radicalmente diferente. Saímos da ordem empírica do sensível, para entrar na da elaboração teórica. A teoria analítica postula, efetivamente, que, no momento em que o paciente é ultrapassado por seu dito, surge o gozo. Por quê? Que é o gozo? Deixemos momentaneamente de lado essa pergunta, para voltar a ela quando abordarmos o segundo princípio, sobre a inexistência da relação sexual. Vamos trabalhar, por enquanto, o conceito de sintoma, e enveredemos pelo caminho do primeiro princípio, que, como veremos, afirma que o inconsciente é um saber estruturado como uma linguagem.

*

* *

Formulemos novamente a pergunta: que é um sintoma? Sabemos, comumente, que o sintoma é um distúrbio que causa sofrimento e remete a um estado doentio do qual constitui a expressão. Mas, em psicanálise, o sintoma nos surge de maneira diferente de um distúrbio que causa sofrimento: ele é, acima de tudo, um mal-estar que se impõe a nós, além de nós, e nos interpela. Um mal-estar que descrevemos com palavras singulares e metáforas inesperadas. Mas, quer seja um sofrimento, quer uma palavra singular para dizer o sofrimento, o sintoma é, antes de mais nada, um ato involuntário, produzido além de qualquer intencionalidade e de qualquer saber consciente. É um ato que menos remete a um estado doentio do que a um processo chamado inconsciente. O sintoma é, para nós, uma manifestação do inconsciente.

As três características do sintoma

Um sintoma reveste-se de três características (figura 1). A primeira é a maneira como o paciente enuncia seu sofrimento, os detalhes inesperados de seu relato e, em particular, suas palavras ditas de improviso. Penso, por exemplo, numa analisanda que me comunicou sua angústia ao atravessar pontes e disse: "É muito difícil eu ir, não consigo, a menos que esteja acompanhada... Às vezes, consigo atravessar sozinha, quando vejo do outro lado da ponte a silhueta de um policial ou de um guarda uniformizado..." Pois bem, nesse caso, é o detalhe do homem uniformizado que me interessa, mais do que a angústia fóbica em si.

A segunda característica do sintoma é a teoria formulada pelo analisando para compreender seu mal-estar, pois não há sofrimento na análise sem que a pessoa se pergunte por que está sofrendo. Assim como Freud destacava a presença, nas crianças, de uma teoria sexual infantil, constatamos que o paciente também constrói sua teoria inteiramente pessoal, sua teoria de bolso, para tentar explicar seu sofrimento. O sintoma é um acontecimento doloroso, sempre acompanhado da interpretação, pelo paciente, das causas de seu mal-estar. Ora, isto é fundamental. Tão fundamental que quando, numa análise, nas entrevistas preliminares, por exemplo, o sujeito não é espicaçado por seus próprios questionamentos, quando não tem ideia da razão de seu sofrimento, cabe

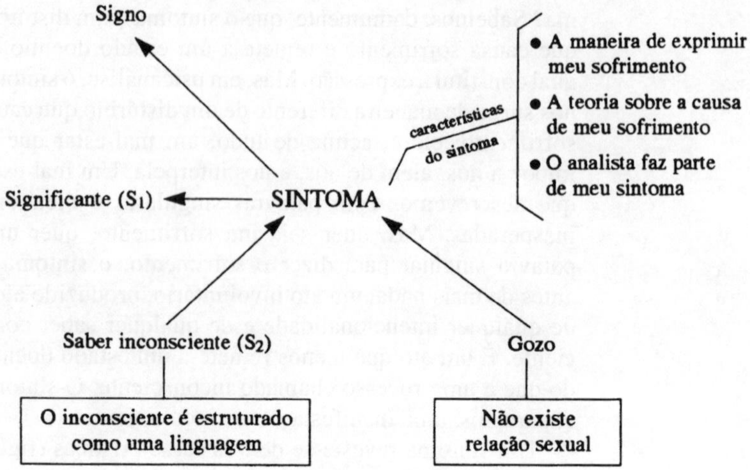

Figura 1
A tríade sintoma, saber e gozo

Agradeço a Fernando Bayro-Corrochano por sua colaboração na disposição gráfica dos esquemas.

então ao psicanalista favorecer o surgimento de uma "teoria", levando o paciente a se interrogar sobre si mesmo. Mas, à medida que, na análise, o paciente interpreta e diz a si mesmo o porquê de seu sofrimento, instala-se um fenômeno essencial: o analista se transforma, progressiva e imperceptivelmente, no destinatário do sintoma. Quanto mais explico a causa de meu sofrimento, mais aquele que me escuta torna-se o Outro de meu sintoma. Vocês têm aí a terceira característica do sintoma: o sintoma conclama e inclui a presença do psicanalista.

O psicanalista faz parte de meu sintoma

Modifiquemos os termos e formulemos isso de outra maneira: a característica principal do sintoma, na análise, é que o psicanalista faz parte dele. Numa análise já bem encaminhada, o sintoma fica tão ligado à presença do clínico que um faz lembrar o outro: quando sofro, lembro-me de meu analista; e, quando penso nele, o que me volta é a lembrança de meu sofrimento. O psicanalista, portanto, faz parte do sintoma. É esse terceiro traço do sintoma que abre as portas para o que chamamos transferência analítica e distingue a psicanálise de qualquer psicoterapia. Justamente, se vocês me perguntassem o que é a transferência em psicanálise, uma das respostas possíveis consistiria em defini-la como o momento particular da relação analítica em que o analista participa do sintoma do paciente. É isso que Lacan denomina de sujeito-suposto-saber. A expressão sujeito-suposto-saber não significa, unicamente, que o analisando suponha que seu analista seja detentor de um saber a respeito dele. Para o paciente, não se trata tanto de supor que o analista sabe, mas de supor, principalmente, que ele está na origem de seu sofrimento, ou de qualquer acontecimento inesperado. Quando sofro, ou então, diante de um acontecimento que me surpreende, lembro-me a tal ponto de meu analista, que não posso evitar perguntar a mim mesmo se ele não é uma das causas disso. Numa análise em curso, por exemplo, determinado paciente declara: "Desde que comecei a vir aqui, tenho a impressão de que tudo o que acontece comigo está relacionado com o trabalho que estou fazendo com você." Uma mulher grávida nos diz: "Eu engravidei, mas tenho certeza de que minha gravidez está diretamente ligada à minha análise." Mas, que significa "diretamente ligada a minha análise"? Significa que, de um certo ponto de vista, o analista seria o pai espiritual da criança, a causa do acontecimento. O fato de o analista fazer parte do sintoma significa, pois, que ele está no lugar da causa do sintoma. Por isso, a expressão lacaniana sujeito-suposto-saber significa que o analista assume, inicialmente, o lugar de *destinatário* do sintoma, e depois, mais adiante, o de *causa* dele.

O psicanalista é o Outro do sintoma

Para o praticante que tem de conduzir uma análise, é essencial compreender como, ao longo das sessões, imperceptivelmente, o fenômeno da suposição acaba por incluí-lo no sintoma do analisando. Estou pensando, em particular, num analista em supervisão que me relatava suas dificuldades com um paciente que estava em análise fazia dois anos, e que lhe parecia encerrado numa neurose obsessiva. Respondi-lhe o seguinte: "Se, ao final de dois anos, você considera que seu paciente tem uma neurose obsessiva, diga a si mesmo, ao escutá-lo, que os sintomas da neurose dele implicam você. É, tente escutar seu analisando, dizendo a si mesmo que você faz parte da obsessão de que ele sofre." Observe-se que é nessa qualidade de escuta engajada que reside a grande diferença entre o diagnóstico psiquiátrico e a identificação psicanalítica de uma neurose. Quando o analista diagnostica a neurose de seu paciente, ele sabe que faz parte do sintoma que está diagnosticando. Em suma, o fenômeno da suposição acompanha todos os acontecimentos dentro de uma análise. Assim, não existe acontecimento doloroso que não seja "interpretado" pelo paciente cujas palavras, sofrimentos e crenças foram envolvendo, pouco a pouco, a pessoa do analista.

*

Na verdade, as características do sintoma podem ainda ser vistas por outro ângulo conceitual, distinguindo duas faces do sintoma: uma face de signo e uma face de significante. A face de signo está estreitamente ligada à suposição de que acabamos de falar. Essa face

Um sintoma é um signo

de signo nos diz: ocorre um evento doloroso e surpreendente, o paciente o explica e, imediatamente, coloca o analista no papel de ser, ao mesmo tempo, o Outro do sintoma e a causa do sintoma. Essa é a definição do signo proposta por Lacan: um signo é aquilo que representa algo para alguém. De fato, trata-se da definição estabelecida pelo lógico norte-americano Charles Sanders Peirce.[1] Um dado sintoma representa algo para aquele que sofre e, às vezes, para aquele que escuta. A gravidez, por exemplo, representa para uma certa moça o fruto do trabalho da análise, e, para o analista, um dos efeitos terapêuticos do tratamento. Esse é o aspecto de signo do sintoma. Ele constitui o fator que favorece a instalação e o desenvolvimento da transferência.

Passemos, agora, à face de significante do sintoma. Dentre as duas, essa é a mais importante para nós, pois nos levará a compreender em que consiste a estrutura do inconsciente. A face de significante nos diz: esse sofrimento que me é imposto, fora da minha vontade, é *Um* acontecimento dentre outros que lhe estão rigorosamente ligados, um acontecimento que, ao contrário do signo, não tem sentido. Mas, que vem a ser um acontecimento significante e, em termos mais gerais, que é um significante?

Que é um significante?

O significante é uma categoria formal, e não descritiva. Pouco importa o que ele designa; por exemplo, tomamos aqui a figura do sintoma, mas o significante pode, da mesma forma, ser um lapso, um sonho, o relato do sonho, um detalhe desse relato, ou mesmo um gesto, um som, ou até um silêncio ou uma interpretação do psicanalista. Todas essas manifestações podem ser legitimamente qualificadas de acontecimentos significantes, desde que sejam respeitados três critérios, três critérios não linguísticos, apesar do termo significante, que é de origem linguística.

• O significante é sempre a expressão involuntária de um ser falante. Um gesto qualquer só será significante se

1. "Um signo, ou um *representamen*, é algo que, para alguém, faz às vezes de alguma coisa, em alguma relação ou a título de algo. Ele é dirigido a alguém, ou seja, cria na mente dessa pessoa um signo equivalente, ou talvez, um signo mais desenvolvido." (*In* C. S. Peirce, *Écrits sur le signe*, Seuil, 1978, p. 121.)

for um gesto desajeitado e imprevisto, executado fora de qualquer intencionalidade e saber consciente.

• O significante é desprovido de sentido, não significa nada e, portanto, não entra na alternativa de ser explicável ou inexplicável. O sintoma, na qualidade de acontecimento significante, não invoca, pois, nem uma suposição do analisando, nem uma construção do psicanalista. Numa palavra, o significante *é*, e nada mais.

• O significante *é*, sim, desde que permaneça ligado a um conjunto de outros significantes: é *Um* entre outros com os quais se articula. Embora o significante *Um* seja perceptível para o analisando ou o analista, os outros com que se encadeia não o são. Estes são significantes virtuais, atualizados no passado ou ainda não atualizados. A articulação entre *Um* e os outros é tão estreita que, ao se pensar no significante, nunca se deve imaginá-lo sozinho. Um aforismo lacaniano resume bem essa relação: um significante só é significante para outros significantes.[2] A importância dessa articulação formal é prática: um significante não é significante nem para o psicanalista nem para o analisando, nem para ninguém, mas para outros significantes. Que quer dizer isso, senão que, tão logo o significante advém, ele lembra os outros significantes já passados e anuncia a chegada inevitável do próximo significante? Posso, por exemplo, ser surpreendido por um sintoma que ultrapassa minha intenção, à maneira de um "dito" que digo sem saber, ou posso ainda suportá-lo como um acontecimento doloroso, e é possível até que eu o interprete, pense nele, dê-lhe um sentido, mas todas as minhas suposições não evitarão que, dentro de três dias ou um ano, ele possa reproduzir-se, semelhante a si mesmo, ou sob a forma de um outro acontecimento

O significante se repete

2. Esse aforismo ficaria incompleto se não incluíssemos um terceiro termo: o sujeito. Um significante representa *o sujeito* para outros significantes. Digamos, apenas, que esse sujeito não deve ser confundido com o indivíduo, mas identificado com a ideia abstrata do sujeito da experiência analítica. O conceito lacaniano de sujeito do inconsciente é abordado na Conferência que pronunciei em um seminário do Dr. J. Lacan em maio de 1979 [publicada em J.-D. Nasio, *A criança magnífica da psicanálise*, Rio, Zahar, 1988, pp. 34-52].

inopinado e impossível de dominar. É então que me pergunto: "Mas, como é possível? Que há em mim para que esse sintoma reapareça, sempre insuperável, e se repita tão implacavelmente?" Aqui, estamos diante do problema da repetição, ao qual voltaremos muitas vezes, em particular durante a segunda lição. Por ora, preservemos a ideia essencial: uma coisa é a realidade concreta e individual de um sintoma — a fobia das pontes, por exemplo —, e outra é o estatuto significante de um mesmo sintoma: a mesma fobia, porém, desta vez, considerada pelo ângulo dos três critérios que definem o significante. Do ponto de vista de sua realidade individual, todos os sintomas são distintos e nunca se repetem idênticos a eles mesmos, ao passo que, ao contrário, do ponto de vista de seu valor formal e significante, todos os sintomas são idênticos, porque todos aparecem, um por um, no lugar do *Um*. Aqui está, portanto, a ideia essencial que se encontra no cerne do conceito lacaniano de repetição: todos os acontecimentos que ocupam o lugar do *Um* se repetem, formalmente idênticos, sejam quais forem suas diferentes realidades materiais. Voltaremos a esse ponto.

Como vemos, o aspecto significante do sintoma é o fato de ele ser um acontecimento involuntário, desprovido de sentido e pronto para se repetir. Em suma, o sintoma é um significante, se o considerarmos como um acontecimento do qual não domino nem a causa, nem o sentido, nem a repetição.

Lacan escreve o acontecimento significante com a notação S_1. O número 1 vem assinalar que se trata de um acontecimento único — o sintoma é sempre da ordem do *Um* —, e a letra S é a notação da palavra significante. Assim, considerar que o sintoma tem uma face de significante indica que ele é *Um*, que esse *Um* surpreende e se impõe ao paciente sem que ele saiba disso, e depois, que ele se repete, ou seja, que haverá outro *Um*, mais outro *Um* etc.

Contudo, afirmar que o sintoma é significante sublinha não apenas que ele é *Um*, que se impõe e nos escapa, pronto para se repetir, mas, acima de tudo, que ele ocorre na hora exata de nos interrogar. O sintoma, na qualidade

O sintoma é um sofrimento questionador

de significante, não é um sofrimento que soframos, por assim dizer, passivamente. Não, trata-se de um sofrimento questionador e, em última instância, pertinente. Pertinente como uma mensagem que nos informa sobre fatos ignorados de nossa história, diz-nos o que não sabíamos até agora. Outro exemplo de significante poderia ser o chiste; o chiste, considerado como uma réplica espontânea que se diz sem saber, mas com tamanho senso de oportunidade e tamanha exatidão, que todos riem. Ora, o sintoma pode ter a mesma virtude. Pode manifestar-se na vida do sujeito de maneira tão oportuna que, apesar de seu caráter penoso, aparece como a peça faltante que, uma vez recolocada no quebra-cabeça, revela nossa vida sob um novo prisma, sem que, no entanto, o quebra-cabeça seja terminado.

A importância significante do sintoma reside, precisamente, na pertinência de ele aparecer no momento exato, como a peça indispensável para suscitar no paciente, e muitas vezes no analista, uma nova pergunta, quero dizer, a pergunta adequada, que dá acesso ao inconsciente, considerado como um saber: "Mas, como é possível que esse sintoma reapareça tão oportunamente, que, à parte o fato de eu sofrer, esclareça minha vida com uma luz nova? Qual é, pois, essa combinação que, ultrapassando minha vontade, organiza a repetição de meus sintomas e garante que um deles nasça na hora exata, para que eu saiba que minha infelicidade decorre apenas de meu desejo?" Essa pergunta é muito diferente da que levantou o problema da causa do sintoma e instituiu o sujeito-suposto-saber. Aqui, o sujeito já não interroga o sintoma como signo, não é o "por quê" que o preocupa, e sim o "como". Como se organiza o desfile dos acontecimentos de sua vida? Qual é a ordem da repetição? Essas perguntas são adequadas, pois conduzem à hipótese do inconsciente como estrutura. Para me explicar bem, eu gostaria de voltar com mais clareza à distinção entre signo e significante.

"Quem sabia...?"

Vamo-nos entender. Tomar o sofrimento do sintoma pelo ângulo da causa é fazer dele um signo, ao passo que surpreender-me por sofrer essa mesma infelicidade num instante propício, como se ela fosse imposta por um saber que ignoro, é reconhecê-lo como significante. Retomemos a interrogação do analisando surpreso, interrogação que se abre para o inconsciente: "Quem sabia?... Quem sabia que essa palavra que faz rir, ou esse sintoma que me esclarece, tinha que se colocar num dado momento exato, para que eu finalmente compreendesse?" A resposta da teoria analítica é a seguinte: "Quem soube colocar o sintoma ou o chiste com conhecimento de causa, para surpreender e levar a compreender, não foi um sujeito, mas o saber inconsciente." Sim, o inconsciente é, na verdade, a ordem de um saber que o sujeito veicula, mas ignora. Mas o inconsciente é não apenas um saber que leva o sujeito a dizer a palavra exata na hora exata — sem, no entanto, saber o que está dizendo —, como é também o saber que ordena a repetição dessa mesma palavra, mais tarde e em outro lugar. Em suma, o inconsciente é um saber, não apenas porque *sabe* colocar uma dada palavra num dado instante, mas também porque garante a característica da repetição. Digamos isso com uma fórmula: o inconsciente é o saber da repetição.

O saber inconsciente

Mas, que é a repetição? Recordemos sua ideia principal. O fato de um significante se repetir, idêntico a um outro, significa que há sempre um acontecimento que ocupa a casa formal do *Um*, enquanto outros acontecimentos, ausentes e virtuais, ficam à espera de ocupá-la. Estamos, insisto, na presença de duas instâncias: a primeira é a instância do *Um*, que corresponde ao acontecimento efetivamente ocorrido, e a segunda é a instância de todos os outros acontecimentos, já passados e por vir, que ocuparam ou irão ocupar a casa do *Um*. Afirmar que o inconsciente é o saber da repetição significa que ele é não somente um saber que sabe colocar a palavra exata no momento exato, mas também que ele faz girar o carrossel dos elementos passados ou futuros que, num dia ou noutro, ocuparam ou deverão ocupar a casa do *Um*, isto é, o lugar do significante manifesto. O inconsciente é o movimento que assegura a repetição, ou melhor, que assegura a renovação da ocupação do lugar do *Um*. Em suma, que estamos querendo dar a entender com essa visão formalista da dinâmica do saber inconsciente? Que o inconsciente é um processo constantemente ativo, que não para de se exteriorizar através de atos, acontecimentos ou palavras que reúnam as condições definidoras do significante, a saber: ser uma expressão involuntária, oportuna, desprovida de sentido e identificável como um acontecimento ligado a outros acontecimentos ausentes e virtuais.

*

Mas, neste ponto, devo introduzir um esclarecimento decisivo para demarcar bem o lugar do inconsciente no tratamento analítico. Vamos imaginar que, neste momento, eu manifeste um sintoma, sob a forma de uma palavra que me escape. Sem dúvida, esse sintoma aparece inicialmente em mim, mas, da próxima vez, poderá repetir-se não apenas em mim, mas também em outro lugar, na fala de um outro sujeito com quem eu mantenha um vínculo transferencial. Assim, o significante se repete ocupando a casa do *Um*, podendo essa casa encontrar-se, indiferentemente, numa pessoa ou noutra. O significante salta de um sujeito para outro, de tal sorte que a sequência repetitiva, a cadeia dos significantes, ou seja, a ronda ordenada dos elementos já repetidos ou por se repetir, pois bem, esse desfile, essa estrutura, não pertence nominalmente a ninguém. Não há estrutura em si, e não há inconsciente em si. Tomemos o exemplo da interpretação do psicanalista. Sem dúvida, um momento privilegiado do processo da análise é aquele em que o analista enuncia uma interpretação. Mas, que é uma interpretação, no sentido estrito do termo, senão uma expressão do inconsciente do analista, e não do saber do analista? Quero sublinhar, neste ponto, que, se aplicarmos a tese da repetição do significante — ricocheteando de um sujeito para outro — para compreender como a interpretação ocorre ao analista, teremos de modificar nossa fórmula. Em vez de enunciá-la como "a interpretação exprime o inconsciente do psicanalista", teremos de fazer uma correção e afirmar: "A interpretação repete hoje, no dito do analista, um sintoma que se manifestou ontem no dito do analisando." Ou então: "A interpretação formulada pelo analista atualiza o inconsciente do analisando." Ou, melhor ainda: "A

O inconsciente é uma ronda de significantes que...

...ligam o analista e o analisando

interpretação atualiza *o inconsciente da análise*." Sendo este — convém lembrarmos — o aparecimento, o desaparecimento e o reaparecimento sucessivos de um mesmo elemento significante, em momentos, lugares e sujeitos diferentes, ele é um processo que só se inicia sob a condição de uma relação transferencial bem estabelecida.

*

Resumindo, eis o argumento que fundamenta o primeiro princípio, definidor do inconsciente como um saber que tem a estrutura de uma linguagem, e o corolário dele decorrente:

O inconsciente é a trama tecida pelo trabalho da repetição significante, ou, mais exatamente, o inconsciente é uma cadeia virtual de acontecimentos ou "dizeres" que *sabe* atualizar-se num "dito" oportuno, que o sujeito diz sem saber o que está dizendo.

Esse "dito", inadvertidamente enunciado pelo sujeito e que atualiza a cadeia inconsciente dos ditos, tanto pode ressurgir num quanto noutro dos parceiros da análise. Quando o "dito" surge no analisando, nós o chamamos, entre outras coisas, de sintoma, lapso ou chiste, e, quando surge no psicanalista, chamamo-lo, entre outras coisas, de interpretação. Como vocês estão vendo, o inconsciente liga e ata os seres. Essa é, a meu ver, uma das ideias lacanianas fundamentais. O inconsciente é uma linguagem que liga os parceiros da análise: a linguagem liga, enquanto o corpo separa; o inconsciente ata, ao passo que o gozo afasta. Voltaremos ao problema do corpo e do gozo, mas a tese do inconsciente estruturado permite-nos, desde já, deduzir um corolário capital para o trabalho com nossos pacientes.

O inconsciente do entre-dois

Se o inconsciente é uma estrutura de significantes repetitivos que se atualizam num "dito" enunciado por um ou outro dos sujeitos analíticos, decorre daí que o inconsciente não pode ser individual, ligado a cada um deles, e que, por conseguinte, já não podemos atribuir um inconsciente próprio ao analista e, depois, um inconsciente próprio ao analisando. O inconsciente não é individual nem coletivo, mas produzido no espaço do entre-dois, como uma entidade única que atravessa e engloba ambos os atores da análise.

*

Chegamos, assim, ao embasamento do primeiro princípio fundamental: "O inconsciente se estrutura como uma linguagem." Depois de nossas elaborações, poderíamos retomar a fórmula e propor, agora: "o inconsciente é um *saber* estruturado como uma linguagem", ou mesmo, em termos mais simples, "um saber estruturado". Quando Lacan enunciou sua fórmula pela primeira vez, concebia a cadeia inconsciente dos ditos segundo as categorias linguísticas da metáfora e da metonímia. Depois, a fim de estabelecer ainda mais rigorosamente as leis que regem a estrutura de linguagem do inconsciente, Lacan recorreu ao aparelho conceitual da lógica formal. Certamente teremos oportunidade, durante estas lições, de voltar ao funcionamento da estrutura do inconsciente. Por ora, vamos ficar por aqui e reter o enunciado inicial do primeiro princípio: a cadeia inconsciente dos ditos é estruturada como uma linguagem, ou ainda: "O inconsciente é um saber estruturado como uma linguagem."

*
* *

O segundo princípio fundamental concerne ao gozo e se enuncia da seguinte maneira: "Não existe relação sexual." Ora, para compreender com clareza o sentido do conceito lacaniano de gozo e fundamentar esse segundo princípio, devemos retomar nossa linha mestra, a do sintoma, e voltar aos caminhos traçados por Freud.

Lembremo-nos de que, para justificar o primeiro princípio sobre o inconsciente, havíamos caracterizado o sintoma por sua face empírica de discordância no relato, por sua condição de signo que induz às suposições do paciente, e até do analista, e finalmente, por seu estatuto de significante que surpreende, impõe-se e se repete, fora de qualquer intencionalidade. Contudo, não destacamos o aspecto mais evidente de um sintoma, o mais tangível para quem sofre com ele, a saber, o próprio fato de sofrer, o sentimento doloroso provocado pelo distúrbio psíquico. Os sintomas são, de fato, manifestações penosas, atos aparentemente inúteis que são realizados com profunda aversão.

O sintoma é, ao mesmo tempo, dor e alívio

Mas se, para o eu, o sintoma significa, essencialmente, padecer com o significante, para o inconsciente, em contrapartida, significa desfrutar de uma satisfação. Sim, gozar uma satisfação, pois o sintoma é tanto dor quanto alívio, tanto sofrimento para o eu quanto alívio para o inconsciente. Mas, por que alívio? Como é possível afirmar que um sintoma tranquiliza e liberta? Ora, é precisamente esse efeito libertador e apaziguador do sintoma que tomamos como uma das imagens principais do gozo.

Contudo, detenhamo-nos por um instante e nos formulemos a pergunta mais geral: que é o gozo e quais são suas diferentes imagens? A teoria do gozo proposta por Lacan é uma construção complexa, que distingue três modos do gozar. Nestas lições, teremos muitas oportunidades de abordar o problema do gozo, mas eu gostaria, desde já, de lhes dizer o essencial sobre ele. Primeiro, permitam-me um esclarecimento terminológico. Sem dúvida, a palavra gozo evoca espontaneamente em nós a ideia de volúpia. Mas, como frequentemente acontece, uma palavra do vocabulário analítico fica tão marcada por seu sentido habitual que o trabalho de elaboração do teórico, muitas vezes, reduz-se a desvincular a acepção analítica da acepção comum. Esse é exatamente o trabalho que deveremos efetuar, aqui, com a palavra "gozo", separando-a nitidamente da ideia de orgasmo. Assim, eu lhes pediria, todas as vezes que vocês me ouvirem pronunciar as palavras "gozar" ou "gozo", que esqueçam sua referência ao prazer orgástico.

*

Feito esse esclarecimento, passemos agora ao conceito de gozo em si. Para dar conta da teoria lacaniana do gozo, devo lembrar, antes de mais nada, a tese freudiana

Os três destinos da energia psíquica

da energia psíquica, tal como faço sua leitura. Primeiramente, vamos estabelecer uma premissa. Segundo Freud, o ser humano é perpassado pela aspiração, sempre constante e jamais realizada, de atingir um objetivo impossível: o da felicidade absoluta, uma felicidade que se reveste de diferentes imagens, dentre elas a de um hipotético prazer sexual absoluto, experimentado durante o incesto. Essa aspiração, chamada desejo, esse ímpeto nascido das zonas erógenas do corpo, gera um estado doloroso de tensão psíquica — uma tensão tão mais exacerbada quanto mais o ímpeto do desejo é refreado pelo dique do recalcamento. Quanto mais intransigente é o recalcamento, mais aumenta a tensão. Diante do muro do recalcamento, o impulso do desejo vê-se constrangido, então, a tomar, simultaneamente, duas vias opostas: a via da descarga, através da qual a energia se liberta e se dissipa, e a via da retenção, em que a energia é conservada e se acumula como uma energia residual. Uma parte, portanto, atravessa o recalcamento e é descarregada no exterior, sob a forma do dispêndio energético que acompanha cada uma das manifestações do inconsciente (sonho, lapso ou sintoma). É justamente essa descarga incompleta que proporciona o alívio de que tínhamos falado a propósito do sintoma. A outra parte, que não consegue transpor a barreira do recalcamento e permanece confinada no interior do sistema psíquico, é um excesso de energia que superexcita, por sua vez, as zonas erógenas, e que superativa constantemente o nível da tensão interna. Dizer que esse excesso de energia mantém sempre elevado o nível de tensão equivale a dizer que a zona erógena, fonte do desejo, está permanentemente excitada. Podemos ainda imaginar um terceiro destino da energia psíquica, uma terceira possibilidade, absolutamente hipotética e ideal, uma vez que nunca é realizada pelo desejo, a saber, a descarga total da energia. Uma descarga efetuada sem o entrave do recalcamento, nem de nenhum outro limite. Este último destino é tão hipotético quanto o prazer sexual absoluto e jamais alcançado de que fala Freud.

Os três estados do gozar

Pois bem, proponho-lhes a seguinte aproximação, que depois readaptaremos: a energia psíquica, com seus três destinos, corresponderia, segundo minha visão, ao que

Lacan designa pelo termo gozo, com os três estados caracterizados do gozar: o *gozo fálico*, o *mais-gozar* e o *gozo do Outro*. O *gozo fálico* corresponderia à energia dissipada durante a descarga parcial, tendo como efeito um alívio relativo, um alívio incompleto da tensão inconsciente. Essa categoria de gozo é chamada fálica porque o limite que abre e fecha o acesso à descarga é o falo; Freud diria: o recalcamento. De fato, o falo funciona como uma comporta que regula a parcela de gozo que sai (descarga) e a que permanece dentro do sistema inconsciente (excesso residual). Não posso estender-me, aqui, sobre a razão que levou Lacan a conceituar o falo como a barreira do gozo. Proponho-me explicar-lhes isso algumas páginas adiante e lhes peço, simplesmente, que guardem a ideia de que a essência da função fálica consiste em abrir e fechar o acesso do gozo ao exterior. Que exterior? O dos acontecimentos inesperados, das palavras, das fantasias e do conjunto das produções externas do inconsciente, dentre elas o sintoma.

Gozo fálico

Mais-gozar

A outra categoria, o *mais-gozar*, corresponderia ao gozo que, em contrapartida, permanece retido no interior do sistema psíquico, e cuja saída é impedida pelo falo. O advérbio "mais" indica que a parcela de energia não descarregada, o gozo residual, é um excedente que aumenta constantemente a intensidade da tensão interna. Observemos também que o gozo residual de que estamos falando permanece profundamente ancorado nas zonas erógenas e orificiais do corpo — boca, ânus, vagina, canal peniano etc. O impulso do desejo nasce nessas zonas e, em contrapartida, o mais-gozar as estimula constantemente, mantendo-as num estado permanente de erotogenia. Voltaremos muitas vezes a essa categoria do mais-gozar, ao estudarmos o conceito lacaniano de objeto *a* e abordarmos seu lugar na relação entre paciente e analista.

Gozo do Outro

E por fim, a terceira categoria, o *gozo do Outro*, estado fundamentalmente hipotético que corresponderia à situação ideal em que a tensão fosse totalmente descarregada, sem o entrave de nenhum limite. Esse é o gozo que o sujeito supõe no Outro, sendo o próprio Outro, igualmente, um ser suposto. Esse estado ideal, esse ponto de felicidade absoluta e impossível no horizonte, assume diferentes imagens, conforme o ângulo em que seja situado. Para um neurótico obsessivo, por exemplo, o horizonte inalcançável, mas sempre presente, é a morte, ao passo que, para um neurótico histérico, esse mesmo horizonte desenha-se como o oceano da loucura. Se contemplarmos esse mesmo horizonte, desta vez a partir do desejo de uma criança na fase edipiana, veremos que ele assume, como sabemos, a imagem mítica do incesto, considerada como a realização mais consumada do desejo, o gozo supremo. Mas, quer o desejo se realize, idealmente, por uma cessação total da tensão, como seria a morte, ou, ao contrário, por uma intensificação máxima da mesma tensão, como seria o gozo perfeito do ato incestuoso, nem por isso todas essas imagens excessivas e absolutas deixam de ser imagens fictícias, miragens enfeitiçadoras e enganosas que alimentam o desejo.

*

Pois bem, de todas essas miragens, a psicanálise retém apenas uma, que ela privilegia e eleva à categoria do incognoscível, do real desconhecido em que a teoria esbarra. Ali, onde o ser humano é subjugado pela miragem, a psicanálise reconhece o limite de seu saber. Mas, qual é essa miragem? É o engodo que fascina e ilude os olhos da criança edipiana, levando-a a crer que o gozo absoluto existe e que seria experimentado numa relação sexual incestuosa igualmente possível. É justamente por essa razão que o gozo, seja qual for sua forma, continua a ser sempre um gozo sexual. Sexual, não no sentido de genital, mas no sentido de ser marcado por seu destino mítico de ter que se consumar no ato incestuoso, de ser o gozo experimentado pelo Outro, sob a forma de um prazer sexual absoluto. E o Outro pode ser qualquer personagem mítico, seja ele Deus, a mãe, ou o próprio sujeito numa fantasia de onipotência. Esclareçamos ainda que o incesto de que estamos falando é uma imagem mítica, sem termo de comparação com a realidade concreta e mórbida da deplorável violação da filha pelo pai ou das carícias impuras de uma mãe no corpo de seu filho.

Justamente, a psicanálise, como doutrina que se esforça por demarcar ao máximo os limites de seu saber,

A relação sexual incestuosa é impossível...

compreendeu que esse mesmo lugar em que, para a criança edipiana, a relação sexual seria possível, é, para ela, o lugar em que a relação sexual revela-se impossível. Justamente onde a criança do mito supõe o gozo do Outro — volúpia ideal da relação sexual incestuosa —, a psicanálise sabe que o Outro não existe e que essa relação é impossível de realizar pelo sujeito e de formalizar pela teoria. Ela sabe disso por ter aprendido, com a experiência clínica, que o ser humano depara, necessariamente, com toda sorte de obstáculos representados pela linguagem, pelos significantes e, em particular, pelo falo; com todos os limites que rompem a curva ideal para a realização plena do desejo, isto é, para o gozo.

...de realizar pelo sujeito, ...

Ora, esse lugar a que chamamos "gozo do Outro", pensando na criança que o cobiça ou se assusta com ele, não é apenas o lugar do incesto impossível, mas também, para nós, psicanalistas, o lugar do saber impossível. Não apenas a relação sexual é impossível de realizar pelo sujeito, como também é impossível conceituá-la formalmente através da teoria, impossível escrevê-la com signos e letras que digam de que natureza seria o gozo se essa relação se consumasse. Numa palavra, o gozo é, no inconsciente e na teoria, um lugar vazio de significantes. Foi nesse sentido que Lacan propôs uma fórmula que provocou um escândalo, na época: "Não existe relação sexual." À primeira vista, ela é compreendida como uma ausência de união genital entre o homem e a mulher. Mas é um erro interpretá-la assim. A fórmula significa que não existe relação *simbólica* entre um suposto significante do gozo masculino e um suposto significante do gozo feminino. Por quê? Justamente, porque, no inconsciente, não há significantes que signifiquem o gozo de um e do outro, cada qual imaginado como gozo absoluto. É que a experiência da análise nos ensina que o gozo, em sua forma infinita, é um lugar sem significante e sem marca que o singularize. Daí o segundo princípio: "Não existe relação sexual."

... de inscrever no inconsciente ...

Para melhor compreender a fórmula de Lacan, podemos completá-la e escrever: *Não existe relação sexual... absoluta*, isto é, não conhecemos o gozo absoluto, não existem significantes que o signifiquem e, por conseguinte, não pode haver relação entre dois significantes ausen-

... e de escrever na teoria

tes. É claro, admitimos que não há relação sexual absoluta, porque não há significante que signifique o gozo absoluto, mas será possível, em contrapartida, afirmarmos que haveria uma relação sexual relativa? A rigor, deveríamos responder que tampouco existe relação sexual relativa, porque também não há significante que possa significar a natureza de um gozo limitado e relativo. Se a palavra relação quer dizer relação entre dois significantes que signifiquem o gozo, então, não existe relação alguma, seja ela absoluta ou relativa, quer se trate de um gozo ilimitado ou limitado.

Não existe, pois, relação sexual, mesmo que relativa, porém, ainda assim, persiste uma questão. Como pensar o encontro sexual comum entre um homem e uma mulher? Por enquanto, diremos que, do ponto de vista do gozo, esse encontro não concerne a dois seres, mas a lugares parciais do corpo. É o encontro entre meu corpo e uma parte do corpo de minha parceira, entre diferentes focos de gozos locais.

Insisto em que não sabemos o que é o gozo em termos absolutos, mas tampouco sabemos o que é realmente o gozo, em sua expressão local. Certamente, não há significantes que representem o gozo ilimitado, mas — rigorosamente falando — também não há significantes que representem os gozos parciais ligados a lugares erógenos do corpo (fálico e mais-gozar). Posto isso, os significantes podem, ainda assim, aproximar-se, delimitar e circunscrever as zonas locais em que o corpo goza. Quando dizemos que o gozo é delimitado pelos significantes, queremos dizer que, enquanto impulso do desejo, ele é delimitado pelas bordas dos orifícios erógenos. O significante deve ser compreendido, aqui, em termos de borda corporal. Em suma, a psicanálise não conhece a natureza do gozo, a essência mesma da energia psíquica, seja ela global, "do Outro", ou local, "fálica" ou "residual": a psicanálise conhece apenas as fronteiras significantes que delimitam as regiões do corpo que são focos de gozo. Em suma, quando a psicanálise delimita o gozo, é sempre, de fato, de um gozo local que se trata.

*

É chegado o momento de darmos conta do conceito de falo, tão estreitamente ligado ao de gozo.

O falo, baliza do gozo

Na teoria lacaniana, a palavra falo não designa o órgão genital masculino. É o nome de um significante muito particular, diferente de todos os outros significantes, que tem por função significar tudo o que depende, de perto ou de longe, da dimensão sexual. O falo não é o significante do gozo, pois, como já dissemos, este resiste a ser representado. Não, o falo não significa a própria natureza do gozo, mas baliza o trajeto do gozo — se pensarmos no fluxo da energia circulante —, ou baliza o trajeto do desejo — se pensarmos nesse mesmo fluxo, orientado para um objetivo. Em outras palavras, o falo é o significante que marca e significa cada uma das etapas desse trajeto. Ele marca a origem do gozo, materializada pelos orifícios erógenos; marca o obstáculo com que se depara o gozo (recalcamento); marca ainda as exteriorizações do gozo, sob a forma do sintoma, das fantasias ou da ação; e, por último, o falo é o limiar para além do qual se descortina o mundo mítico do gozo do Outro.

Dito isso, em nome de que privilégio damos a esse significante o nome de falo? Por que escolher, precisamente, uma referência ao sexo masculino? Por que "falo"? A resposta a essa pergunta reside na primazia que a psicanálise confere à experiência da castração no desenvolvimento da sexualidade humana, experiência da qual o falo é o pivô.[3]

*

Antes de concluir esta parte dedicada ao gozo, cabe-me fazer aqui um esclarecimento importante. Havíamos anunciado uma retificação da aproximação estabelecida entre a energia e o gozo. No que concerne a essa comparação, Lacan enunciou proposições claras. Ele não toma o gozo por uma entidade energética, na medida em que ele não corresponde à definição física da energia como

3. Os conceitos de "castração" e "falo" foram desenvolvidos em meu livro *Lições sobre os 7 conceitos cruciais da psicanálise*, Rio, Zahar, 1989.

uma constante numérica: "A energia não é uma substância", lembra Lacan, "é uma constante numérica que cabe ao físico descobrir em seus cálculos"; e, mais adiante: "Qualquer físico sabe, claramente, ... que a energia não é nada além da cifra de uma constância."[4] Exatamente por essa razão, o gozo "... não constitui energia, não pode inscrever-se como tal". Como vemos, para Lacan, não sendo o gozo matematizável por uma combinação de cálculos, ele não pode ser energia. Não obstante, apesar do extremo rigor da posição lacaniana, fiz questão de apresentar e definir o gozo servindo-me da metáfora energética — tantas vezes empregada por Freud —, porque ela me parece a mais apropriada para dar conta do aspecto dinâmico e clínico do gozo.

Eis aqui, resumidos, os argumentos que invalidam ou justificam a aproximação entre a energia e o gozo:

O gozo certamente não é uma energia, caso, seguindo Lacan, o confrontemos com a acepção física do termo energia. Do ponto de vista da física, portanto, o gozo não pode ser qualificado de energia.

O gozo é a energia do inconsciente

Mas, ao contrário, o gozo seria uma "energia" se, seguindo a metáfora freudiana, o considerássemos um impulso que, nascido numa zona erógena do corpo, tende para um objetivo, esbarra em obstáculos, abre saídas para si e se acumula. Mas há ainda outro argumento que confere ao gozo um estatuto energético, a saber, sua qualidade de força permanente do trabalho do inconsciente. O gozo é a energia do inconsciente quando o inconsciente trabalha, isto é, quando o inconsciente está ativo — e ele o está constantemente —, assegurando a repetição e se externalizando sem parar em produções psíquicas (S_1), como o sintoma ou qualquer outro acontecimento significante. Nesse sentido, eu gostaria de parafrasear aqui uma fórmula de Lacan, extraída de seu seminário *Mais, ainda*: "... o inconsciente é que o ser, ao falar, goza."[5] Da mesma forma, eu definiria o gozo dizendo: o gozo é que o ser, ao cometer um equívoco, põe em

4. J. Lacan, *Télévision*, Seuil, 1974, pp. 34 e 35.
5. J. Lacan, *O Seminário*, livro 20, *Mais, ainda*, Rio, Zahar, 1982, p.143.

ato o inconsciente. Sob dois ângulos diferentes, essas formulações sustentam a mesma ideia: o trabalho do inconsciente implica o gozo; e o gozo é a energia que se desprende quando o inconsciente trabalha.

*
* *

Eis aí, portanto, os dois princípios básicos a que eu queria chegar e que hoje me parecem fundamentais. Um diz respeito ao inconsciente: "O inconsciente é um saber estruturado como uma linguagem"; o outro diz respeito ao gozo: "Não existe relação sexual." Esses dois princípios parecem-me fundamentais, porque definem toda uma maneira de pensar a análise. Na medida em que eu reconheça o inconsciente estruturado, conceberei a interpretação, por exemplo, como uma manifestação, no psicanalista, do inconsciente de seu analisando. E, na medida em que reconheça que não existe relação sexual, conceberei, por exemplo, que o gozo residual, o do mais-gozar, é o motor do tratamento analítico, o centro dominante do processo de uma análise. E reconhecerei, por fim, que, no horizonte do percurso da análise e dos momentos pontuais de experiência que a balizam, estende-se nosso real, lugar obscuro do gozo impensável.

*
* *

PERGUNTA: *Como podemos ligar os dois princípios fundamentais que o senhor acaba de apresentar, o inconsciente e o gozo?*

J.-D. N.: Se você admitiu que o inconsciente é uma cadeia de significantes em ato, eu lhe pediria, agora, que aceite a ideia de que nessa cadeia falta um elemento. Justamente o que deveria ter representado o gozo. No inconsciente, o gozo não tem representação significante exata, mas tem um lugar, o do furo. De um furo no seio do sistema significante, sempre coberto pelo véu das fantasias e dos sintomas. Da mesma maneira que a teoria analítica reconhece sua incapacidade de expressar exatamente a natureza do gozo, podemos dizer que o inconsciente, por sua vez, também não dispõe de um significante que represente o gozo. Em seu lugar, há apenas um furo e seu véu. Para completar minha resposta, eu deveria acrescentar que o lugar do gozo, no inconsciente, é diferente, conforme consideremos uma ou outra de suas formas fundamentais, as locais (mais-gozar e gozo fálico) ou a global (do Outro). Se pensarmos nos gozos locais, seu lugar no inconsciente será o de um furo bordejado por um limite, imagem que corresponde exatamente ao furo dos orifícios erógenos do corpo. Se, ao contrário, pensarmos no gozo desmedido do Outro, teremos que imaginá-lo como um ponto aberto para o horizonte, sem borda nem limite, difuso, sem vínculo com um sistema particular. O que quero dizer é que o gozo do Outro não está localizado num ponto preciso de um sistema, mas antes, que é confusamente identificado pelo sujeito — lembrem-se do que dissemos dos neuróticos —, à maneira de uma miragem.

Freud sempre nos lembra que o indivíduo busca a felicidade. E depois, que ele ergue obstáculos para não atingi-la. Então, que é que ele encontra, afinal?...

... Uma felicidade modesta. Na verdade, a psicanálise descobre que nós, os seres falantes, afinal nos contentamos com muito pouco. Vocês sabem, a felicidade efetiva, quero dizer, a felicidade concretamente encontrada, é, de fato, uma satisfação extremamente limitada, obtida com poucos meios. Qualquer outra satisfação que ultrapasse esse limite é o que a psicanálise lacaniana chama de gozo do Outro. De um ponto de vista ético, a posição psicanalítica é subversiva, porque, diversamente de algumas correntes filosóficas que reconhecem no homem a busca da felicidade como busca do bem supremo, a psicanálise diz: certo, o ser humano aspira ao bem supremo, desde que admitamos que, mal iniciada a busca do ideal, este se transforma na realidade concreta de uma satisfação muito reduzida. "Mas, como?" — haveriam de retrucar-nos. "Mesmo reconhecendo que a miragem da felicidade absoluta é rapidamente dissipada, para dar lugar a uma felicidade relativa, nem por isso deixa de ser verdade que a ficção de um absoluto permanece como uma meta sempre buscada!" A psicanálise responderia: "Não. O ser falante não quer esse gozo desmedido, recusa-se a gozar, não quer nem pode gozar."

Encontramos a melhor ilustração disso no campo da clínica, pois, se vocês me perguntassem o que é um neurótico, eu não hesitaria em defini-lo como aquele que faz tudo o que é necessário para não gozar no absoluto; e, evidentemente, uma maneira de não gozar no absoluto é gozar pouco, isto é, realizar parcialmente seu desejo. Há dois meios graças aos quais o neurótico goza parcialmente, para evitar a experiência de um gozo máximo (gozo do Outro): o sintoma (gozo fálico) e a fantasia (mais-gozar). O sintoma e a fantasia são, de fato, os dois recursos do neurótico, para se opor ao gozo desmedido e refreá-lo. O melhor exemplo disso é a histeria. O histérico é aquele que cria integralmente uma realidade, sua própria realidade, ou seja, utiliza uma fantasia em que o gozo mais sonhado furta-se a ele incessantemente. Foi por essa razão que Lacan caracterizou o desejo histérico, e portanto, todo desejo, como intrinsecamente insatisfeito, já que ele nunca se realiza plenamente; só se realiza com fantasias e através dos sintomas. Parece-me importante sublinhar esse caráter sempre insatisfeito do desejo, pois se poderia acreditar que o desejo é um Bem que devemos valorizar, à maneira de um ideal. Foi exatamente isso o que se julgou compreender, em certa época, interpretando erroneamente uma célebre máxima lacaniana: "não ceder em seu desejo". Como se isso fosse uma palavra de ordem para incentivar o desejo e obter o gozo. No entanto, é um erro interpretá-la assim, pois essa máxima não é uma proclamação corajosa para enaltecer o desejo no caminho do gozo supremo, mas é, ao contrário, um lembrete prudente de que não se abandone o desejo, única defesa contra o gozo. É que, sem dúvida, nunca se deve deixar de desejar, para fazer oposição ao gozo. Ao nos satisfazermos de maneira limitada e parcial com sintomas e fantasias, garantimos nunca encontrar o pleno gozo máximo. Em síntese, para não alcançar o gozo do Outro,

O desejo é uma defesa contra o gozo

apesar de sonhado, o melhor é não pararmos de desejar e nos contentarmos com substitutos e telas, sintomas e fantasias.

Imagino que, neste ponto, vocês poderiam me perguntar: "Mas, por que querer evitar o gozo do Outro, se, por outro lado, o senhor diz que ele é impossível de atingir? Se ele está fora do alcance, por que, então, nos empenharmos em evitá-lo, já que, de qualquer maneira, não estamos arriscando nada?" A resposta a essa pergunta reside no modo neurótico e complicadíssimo de que dispõe o neurótico para tratar seus ideais. Assim, o gozo do Outro é um sonho paradisíaco que se oferece ao neurótico de maneiras diversificadas e contraditórias: primeiro, é um sonho que lhe é caro e ao qual ele aspira; depois, é um sonho que ele sabe ser irrealizável, quimérico e fora de seu alcance; e por fim, é também, e acima de tudo, um sonho que ele sabe que se, por "azar" ou por "felicidade", viesse um dia a se realizar, seu ser ficaria em perigo. Ele teme, de fato, o risco extremo de ver seu ser desaparecer. Vocês estão vendo a flagrante contradição que, por outro lado, a clínica nos confirma cotidianamente: ele *quer* o gozo do Outro, *sabe que não pode* atingi-lo e, simultaneamente, *não quer* esse gozo. Ama-o e ele lhe é impossível, mas, mesmo assim, ele lhe causa medo. Evidentemente, todos esses níveis se misturam e se confundem ao escutarmos nossos analisandos às voltas com seus sonhos e seus temores.

Como entender a fórmula "onde fracassa a fala, aparece o gozo"?

Eu poderia ter começado minha exposição com uma frase geral, dizendo: o corpo está submetido à linguagem; ou então, poderia igualmente ter retomado outra fórmula geral: nós somos seres falantes. Essa é uma proposição que teria sido facilmente aceita, já que todo o mundo admite que falamos e que, na análise, a fala é importante. Poderíamos ter acrescentado: não somos apenas seres falantes, somos seres habitados pela linguagem. E poderíamos ter dado mais um passo suplementar e dito: somos não apenas seres habitados pela linguagem, mas, principalmente, seres ultrapassados pela linguagem, portadores de uma fala que nos antecede, nos revira e nos atinge.

Estaríamos, portanto, na presença de uma gradação. Primeiro grau: somos seres falantes; esse é um grau empírico, que não corresponde ao pensamento da análise. A análise vai mais longe e afirma que, além disso, somos habitados pela linguagem e permanecemos expostos a sua incidência. O segundo grau nos situa, assim, como estando expostos à linguagem, e sendo até atravessados por ela. Ora, é aí que intervém o terceiro grau. Quando a linguagem, ou, mais exatamente, quando um significante assume a forma de um "dito" que se diz fora de mim, à minha revelia, então, um elemento suplementar vem somar-se: é que o corpo é afetado. A concepção psicanalítica da relação do sujeito com a linguagem encontra seu valor e toda a sua força, portanto, sob a estrita condição de pensarmos não apenas que o sujeito diz sem saber o que está dizendo, mas, principalmente, que, quando do reviramento do sujeito pela fala, o corpo é atingido. Mas, que corpo? O corpo como gozo. O corpo definido, não como organismo, mas como puro gozo, pura energia psíquica, da qual o corpo orgânico seria apenas a caixa de ressonância.

"O inconsciente é o homem ser habitado pelo significante."
J.L.

Essa é a essência da questão. Aí, sim, agora eu poderia retomar nossa fórmula e declarar: nós, esses seres gozosos que somos, somos simbolicamente marcados no corpo; ou então declarar, muito simplesmente: nosso corpo está submetido à linguagem. Agora vocês hão de compreender que, quando afirmamos que "o corpo é atingido por uma fala que nos ultrapassa", isso significa que o corpo goza. E dizer que o corpo goza significa ainda que, à parte qualquer sensação de dor ou prazer conscientemente sentida pelo sujeito, produz-se — no momento da manifestação do inconsciente — um duplo fenômeno energético: de um lado, a energia é descarregada (gozo fálico), e de outro, simultaneamente, a tensão psíquica interna é reativada (mais-gozar).

Mas, por que dizer que o desejo nunca é satisfeito, como se a psicanálise tivesse uma visão pouco otimista das aspirações do homem?

Compreendo sua reserva. Vou responder-lhe dizendo que, onde o desejo não alcança seu objetivo, isto é, onde o desejo fracassa, surge uma criação positiva, coloca-se um ato criador. Dito isso, você me pergunta: por que o desejo tem, necessariamente, que fracassar? O desejo nunca será satisfeito, pela simples razão de que falamos. E, enquanto falarmos, enquanto estivermos imersos no mundo simbólico, enquanto pertencermos a esse universo em que tudo assume mil e um sentidos, jamais chegaremos à plena satisfação do desejo, porque, daqui até a satisfação plena, estende-se um campo infinito, constituído de mil e um labirintos. Já que falo, basta que, no caminho de meu desejo, eu enuncie uma palavra ou execute um ato, inclusive o mais autêntico, para esbarrar imediatamente numa multidão de equívocos, na origem de todos os mal-entendidos possíveis. O ato, então, pode ser criador, porém o mais puro dos atos, ou a mais exata das palavras, jamais poderá evitar o aparecimento de um outro ato ou de uma outra palavra que me desvie do caminho mais curto para a satisfação do desejo. Uma vez dita a palavra ou executado o ato, o caminho para essa satisfação torna a se abrir. Aproximamo-nos do objetivo, praticamos um ato na vida, e um outro caminho volta a se abrir. A linha do desejo reproduz exatamente o trajeto de uma análise. É um caminho que não é traçado de antemão, mas que se abre a cada experiência. A experiência analítica se dá, inscreve-se como um ponto, e, a partir desse ponto, abre-se um outro trecho. Nós o percorremos, assim, até um outro ponto, origem de um novo percurso. A análise, considerada como o trajeto de um tratamento, é um caminho em expansão, porque, uma vez atingido o limite, este se desloca mais um bocadinho adiante. A formulação exata seria: a análise, como caminho, é um caminho limitado, mas infinito. Limitado, porque sempre se ergue um limite que faz parar. E infinito, porque esse limite, uma vez tocado, desloca-se para o infinito, sempre mais distante. É precisamente essa mesma lógica do deslocamento que podemos aplicar, para compreender tanto o trajeto do desejo quanto o trajeto de uma análise.

O mais puro dos atos não poderia satisfazer meu desejo

Segundo a teoria dos conjuntos proposta por Cantor, esse movimento em expansão é regido por um princípio chamado princípio da passagem ao limite.[6] Para Cantor, a passagem ao limite significa que a chegada ao limite gera um conjunto infinito. E, se voltarmos a nossa terminologia, diremos: atingimos um limiar e, imediatamente, abre-se uma sucessão para o infinito.

O senhor falou do gozo, mas não do prazer. O prazer e o gozo são noções equivalentes, ou remetem a dois mundos separados?

Numa abordagem mais genérica, eu lhe responderei englobando o gozo e o prazer como duas formas distintas de expressão da energia psíquica. Mas, novamente, como definir a energia? Isso, como sabemos, não é coisa simples. Na verdade, se vocês pedissem a um físico para definir a energia, ele teria a mesma dificuldade que tem o psicanalista para explicar a natureza do prazer ou do gozo. O cientista seria forçado, para definir a energia, a situar primeiramente seu contexto. Descreveria então uma energia solar, uma energia mecânica, uma térmica, toda sorte de energias, definidas segundo o meio do qual a energia se desprende. Além disso, o físico produziria, como vimos, uma fórmula algébrica, uma constante numérica, para poder trabalhar a partir de um cálculo exato da energia. Quanto a nós, não dispomos de uma fórmula algébrica para calcular o prazer ou o gozo. Nem o prazer nem o gozo são estritamente definíveis em si. Só podemos situá-los por seu contexto: no tocante ao prazer, consideramos a consciência, a sensação e a baixa de tensão; no tocante ao gozo, o fato de ele ser inconsciente, de coincidir com o aumento de tensão e de não ter, necessariamente, uma sensação.

O gozo não é o prazer

O prazer é a imagem consciente ou pré-consciente, mas sempre sentida, da energia, enquanto o gozo — penso, aqui, principalmente nos gozos locais — é sua imagem inconsciente, e nunca imediatamente sentida. Mas a distinção consciente/inconsciente é apenas um critério muito geral para distinguir o prazer e o gozo. De

6. G. Cantor, "Fondements d'une théorie générale des ensembles", *in Cahiers pour l'Analyse,* Seuil, 1969, pp. 35-52.

um ponto de vista econômico, quer dizer, do ponto de vista da variação da intensidade da energia, o prazer é, antes de mais nada, a sensação agradável percebida pelo eu quando de uma baixa da tensão. No prazer — lembrem-se de Freud —, trata-se de uma diminuição da tensão psíquica, no sentido do repouso e da distensão. O gozo, por sua vez, consiste numa manutenção ou num vivo aumento da tensão. Ele não é imediatamente sentido, mas se manifesta, indiretamente, quando das experiências máximas que têm que atravessar o corpo e a psique, o sujeito inteiro. O gozo é uma palavra para expressar a experiência de vivenciar uma tensão intolerável, mescla de embriaguez e estranheza. O gozo é o estado energético que vivemos em circunstâncias-limite, em situações de ruptura, no momento em que estamos em condições de transpor um limite, assumir um desafio, enfrentar uma crise excepcional, às vezes dolorosa.

Tomemos o exemplo da brincadeira infantil: existe gozo na criança que, cercada de coleguinhas, sobe num telhado íngreme e se deixa embriagar pelo risco de cair. Isso é da ordem do desafio. Ela goza não apenas com o desafio lançado a seus semelhantes, mas com o fato de pôr à prova seus próprios limites. O prazer é exatamente o contrário. Suponhamos essa mesma criança, agora relaxada, deixando-se embalar pelo movimento agradável de um balanço. Tudo nela está em repouso e descontração. Mas se, ao se balançar, ela é subitamente tomada pela vontade de conhecer o ponto limite que é capaz de atingir, mesmo com o risco de virar no vazio, o que ressurge é o gozo. Do mesmo modo, na experiência da análise, é possível sentir o prazer de ir a uma sessão e de se confortar falando, mas também é possível viver momentos de extrema tensão, ou até de dor, nos quais o que prima é o gozo.

Esquematicamente, portanto, eu lhes diria que o prazer equivale à tensão reduzida, enquanto o gozo equivale à tensão máxima. O gozo é o estado máximo em que o corpo é posto à prova. O exemplo mais sensível de o corpo ser posto à prova talvez seja o da dor inconsciente, amiúde manifestada através dos atos impulsivos. Eu diria até que a dor é uma das principais imagens do mais-gozar, ou, como tive oportunidade de demonstrar em meu seminário, o paradigma do objeto *a*.[7]

Ora, se o gozo não é diretamente sentido, vocês poderiam me perguntar: mas, como é possível falar de gozo ou de dor, se não os experimento? Como é possível existirem dois termos tão antinômicos quanto "dor" e "inconsciente"? E, dentro dessa mesma linha, vocês também poderiam questionar-me: se o gozo é uma tensão não sentida, de onde você a infere?

Não deveríamos, antes, dizer que, ao contrário, sentimos o gozo, mas que o sentimos só depois?

O silêncio do gozo

De fato, você tem razão, seria mais apropriado dizer que o gozo nunca é sentido imediatamente em seu auge, mas somente depois. Tomemos o exemplo do homem que, num impulso suicida, pega o volante de seu carro, toma a autoestrada e dirige num estado de "transe", a ponto de escapar por pouco de um acidente. Passado o momento difícil, ele para e se recompõe, pensando em sua atuação... Podemos deduzir, desse momento em que o sujeito oscilou entre a vida e a morte, que houve gozo. Esse homem viveu sob a dominação de uma tensão mortífera, num impulso passageiro de se destruir. Aí está uma expressão indireta do impacto do gozo: ele não experimentou nenhuma sensação precisa e definida, mas o vago sentimento de uma força que o arrastava para a ação. Desse momento paroxístico, podemos deduzir que esse homeu viveu sob o domínio, não do álcool, mas de uma droga mil vezes mais poderosa, que age em todos os seres humanos, a saber, a carga de um gozo mudo e dominador.

Como se, no gozo, o corpo retomasse tudo.

Você diz "o corpo retoma tudo", e eu traduziria por "ação". O gozo faz pouco das palavras e do pensamento, para expressar-se apenas na ação. De fato, uma das ma-

7. J.-D. Nasio, *La douleur en psychanalyse*, seminário inédito, 1984; *L'hallucination et la douleur inconsciente*, seminário inédito, 1985.

nifestações mais típicas do estado de gozo, tal como o definimos — alta tensão psíquica, não francamente sentida —, é a passagem ao ato e, em geral, todas as ações, quer sejam perigosas ou não, mas que vão além de nós. Quando o gozo domina, as palavras desaparecem e prima a ação. A irmã do gozo é a ação, enquanto a do prazer é a imagem. O prazer é sempre dependente do vaivém das imagens que se refletem diante de mim. O prazer é uma sensação percebida e experimentada pelo eu. Inversamente, o gozo faz-se ouvir por atos cegos, sejam eles ações produtivas, quando um pintor cria, fora de si, sua tela, ou ações destrutivas, como a do motorista que roçou a morte. Mas, em todos os casos, são atos em que o sujeito é apenas corpo, ou, como diz você, em que o corpo toma tudo; o sujeito não fala nem pensa. Lacan, inspirado no cogito de Descartes, teria apontado a posição do sujeito no estado de gozo, ao enunciar: Sou onde não penso.

Então, podemos dizer que haveria um sujeito do gozo, que o sujeito goza?

Não. Não existe um sujeito do gozo, tal como existe um sujeito do inconsciente. Essa diferença é essencial. O sujeito do inconsciente é sempre representado por um significante, sua presença é obrigatoriamente marcada por uma representação que o indica e o significa. No que concerne ao gozo, já sublinhei a ausência de um significante representativo. Na teoria lacaniana, o sujeito está sempre ligado a um significante; para Lacan, não há significante sem sujeito e, reciprocamente, não há sujeito sem significante. Diremos, por conseguinte: não há sujeito do gozo, pois não há significantes que possam dizê-lo. Logo, sua pergunta realmente tem cabimento. Quando há gozo, quem goza? Pois bem, responderei que ninguém goza, que não gozamos com alguma coisa, mas que alguma coisa goza em nós, fora de nós.

Existe um outro aspecto da distinção prazer-gozo, o do tempo. Com respeito à temporalidade, qual é a relação existente entre o prazer e o gozo?

Eu lhe responderei dizendo que o prazer é decididamente transitório, ao passo que o gozo é tão radicalmente permanente que se torna intemporal. O prazer passa e desaparece, enquanto o gozo é uma tensão colada à própria vida. Enquanto houver gozo, haverá vida, pois o gozo não é outra coisa senão a força que assegura a repetição, a sucessão inelutável dos acontecimentos vitais. Se eu tivesse que estabelecer uma aproximação entre o conceito lacaniano de gozo e a teoria freudiana da repetição, concluiria por identificar o gozo com o que Freud denomina de "compulsão à repetição". Se há um conceito freudiano próximo do gozo concebido como a força que garante a repetição, é exatamente o de compulsão à repetição, entendido como a tendência irredutível, no ser humano, a viver voltado para a frente, é certo, mas tentando completar os atos esboçados no passado. Toda a força da vida está aí.

Do ponto de vista psicopatológico, qual é a relação do perverso com o gozo?

O perverso imita o gesto de gozar

Serei muito breve, porque vamos voltar ao gozo do perverso. Digamos que, dentre os três tipos clínicos — neurose, psicose e perversão —, o que está mais próximo, porém mais *falsamente* próximo do gozo, é a perversão. É que, se o neurótico evita e recusa o gozo do Outro, como já mostramos, o perverso, por sua vez, não apenas o procura, mas o imita e o macaqueia. O perverso é aquele que imita o gesto de gozar.

Qual é o lugar do gozo num tratamento analítico?

O gozo, motor da análise

Essa é uma questão que estará presente ao longo de todas estas lições, porque é essencial para compreendermos o que anima uma análise. Eu me limitarei, por ora, a duas observações, que resumem da melhor maneira possível todas as colocações que eu poderia fazer sobre o lugar do gozo na análise. Em primeiro lugar e antes de mais nada, o gozo, e, em particular, sua modalidade do mais-gozar, isto é, esse excesso que mantém ininterruptamente o alto nível da tensão interna, pois bem, esse gozo é o motor da análise, o núcleo em torno do qual gravita a experiência analítica. O que predomina numa análise não é, de maneira alguma, como se poderia erroneamente acreditar, a fala, e sim o polo atraente e dominador do gozo. Continuando no quadro desta primeira observação, esclareço ainda — e voltaremos a isso com frequência — que esse polo do gozo não é pura abstração, mas se reveste, na análise, de diversas imagens corporais, como o seio, as fezes, o olhar etc., todas elas representações figuradas do gozo, que encontrarão seu lugar nas diferentes fantasias construídas pelo analisando, consciente ou inconscientemente, no âmago da relação transferencial. A outra observação diz respeito à função do psicanalista, pois, de todas as posições que ele é levado a ocupar, aquela em que se identifica com o gozo (mais-gozar) é a mais favorável para que ele aja adequadamente.[8]

O senhor definiu o gozo a partir da metáfora freudiana da energia psíquica, e acaba de distingui-lo do prazer, recorrendo, novamente, à energia. Afinal, por que privilegiar assim o conceito de energia?

Gozo e energia

Essa aproximação termo a termo entre Freud e Lacan, que propus a vocês e pela qual assumo inteira responsabilidade, mostra que o conceito lacaniano de gozo pode ser considerado como uma fecunda reformulação da metapsicologia freudiana. É como se Lacan, mesmo respeitando a dinâmica e a tripartição freudianas da energia psíquica (energia descarregada, energia conservada e meta ideal impossível), se desligasse, graças à palavra gozo, da explicação mecanicista e econômica do funcionamento psíquico. Embora Lacan — como vimos nesta aula — tenha oposto a energia ao gozo, parece-me que a aproximação gozo-energia continua a ser a articulação mais adequada que encontrei, ainda assim, para dar conta da teoria lacaniana dos

8. Há uma ilustração clínica dessas colocações na quinta lição, à qual o leitor já pode reportar-se.

gozos. Uma vez feito esse esclarecimento, posso agora servir-me da noção freudiana de energia — com pleno conhecimento de seus limites — para melhor mostrar o conceito lacaniano de gozo.

Mas, que é que se ganha ao substituir a palavra energia pela palavra gozo? Em que consiste a fecundidade da revisão lacaniana da metapsicologia freudiana?

Com a palavra gozo, Lacan introduz dois conceitos principais: o de "falo" e o de "relação sexual impossível". O primeiro funciona como um limite que abre e barra o acesso à descarga da energia. O segundo funciona como objetivo ideal jamais atingido. Mas, quer se trate do falo como limite, quer da relação sexual impossível como miragem do absoluto, com a palavra gozo Lacan resolve um problema capital da teoria psicanalítica. Um problema que o conceito de energia não consegue solucionar, qual seja, o da natureza do sujeito que experimenta o desprazer da tensão inconsciente quando a energia é represada pelo recalcamento, e que experimenta uma relativa acalmia inconsciente quando a mesma energia é descarregada. De fato, a lógica do pensamento lacaniano é difícil de apreender, pois Lacan executa um movimento contraditório na articulação sujeito/gozo. A meu ver, num primeiro momento, ele introduz a palavra gozo para, em parte, subjetivar a energia psíquica, como que para mostrar claramente o fenômeno de que Freud tivera a intuição em 1938, ao falar da "autopercepção do isso". Segundo Freud, as variações da tensão energética no âmago do isso são percebidas pelo próprio isso. Em vez de dizer, como Freud, que o isso, reservatório das pulsões, autopercebe suas próprias variações de energia, Lacan propõe: o inconsciente trabalha e, ao trabalhar, isto é, ao garantir a repetição, o inconsciente goza. Enunciar que o inconsciente goza é, num primeiro momento, subjetivar o inconsciente, antropomorfizá-lo, supô-lo como um sujeito, instituir uma das imagens do sujeito suposto saber. Mas Lacan retira imediatamente qualquer referência à subjetividade e afirma, ao contrário, que, se o inconsciente goza, nem por isso há um sujeito gozador. Em suma, com a palavra gozo, Lacan introduz o sujeito, e o faz para melhor retirá-lo.

Na próxima lição, retomaremos mais detalhadamente o princípio do inconsciente estruturado como uma linguagem.

Segunda Lição

Segunda Lição

O inconsciente só existe dentro do campo da análise

Não há um inconsciente próprio de cada um de nós

A alíngua

Que é uma estrutura?

O medo de enrubescer

O significante salta de sujeito para sujeito

Não há significante sem sujeito

O nascimento do sujeito

A propósito do inconsciente, eu gostaria, em primeiro lugar, de conhecer sua reação à réplica de um amigo meu que não acredita na psicanálise e que me disse, recentemente: "Quanto a mim, não tenho inconsciente!" Que acha o senhor disso? É possível alguém não ter inconsciente?

Se você me permite a ironia, creio que seu amigo tem razão: ele não tem inconsciente.

Mas, como é que ele pode ter razão?!

O inconsciente só existe no interior do campo da psicanálise

Ele tem razão porque, a meu ver, se o inconsciente existe, ele só pode existir no interior do campo da psicanálise e, mais precisamente, no interior do campo do tratamento analítico. Ora, seu amigo parece situar-se fora desse campo e, por conseguinte, fora do inconsciente. Compreendo que minha postura possa parecer-lhe demasiadamente restritiva e que muitas objeções se oponham a ela. Imagino, por exemplo, que você poderia recordar-me os diferentes textos de Freud, como a *Psicopatologia da vida cotidiana*, em que ele demonstra a existência do inconsciente num campo tão externo à análise quanto pode ser a vida cotidiana. Entretanto, se retomarmos o princípio lacaniano do inconsciente estruturado como uma linguagem, e nossa demonstração desenvolvida na primeira lição, chegaremos à conclusão de que, de fato, o inconsciente só existiria no seio de um tratamento analítico. Eu não supunha ter que começar assim esta lição. Por isso, sua intervenção me leva a formular desde já a série de proposições que justificam minha tese de que só haveria inconsciente no seio da análise. Faço questão de deixar claro que essas proposições resultam de minha leitura da obra lacaniana, mas nunca foram enunciadas por Lacan. Pretendo sustentar essas proposições como se fossem respostas à pergunta: "Quando é possível dizer que o inconsciente existe?"

*

Para começar, o inconsciente revela-se *num ato* que surpreende e ultrapassa a intenção do analisando que fala. O sujeito diz mais do que pretende e, ao dizer, revela sua verdade.

*

Esse ato, mais do que revelar um inconsciente oculto e já presente, produz o inconsciente e faz com que ele exista.

*

Para que o inconsciente exista, é preciso ainda que seja escutado

Ora, para que esse ato efetivamente dê existência ao inconsciente, é indispensável que um outro sujeito escute e reconheça a importância do inconsciente, sendo esse sujeito o psicanalista: "... o inconsciente implica que ele seja escutado? Em minha opinião, sim", respondeu Lacan.[1] De fato, para que o inconsciente exista, é ainda necessário que ele seja reconhecido.

*

Mas esse reconhecimento não é um reconhecimento do pensar, é um reconhecimento do ser, ou seja, o psicanalista reconhece como ato, a partir de seu ser e de seu próprio inconsciente, o inconsciente do outro. Para reco-

1. *Télévision, op.cit.*, p. 26.

nhecer que o ato do analisando é um colocar em prática o inconsciente, é preciso, pois, um outro ato, o do analista. É claro que numerosas diferenças distinguem o ato do analisando do ato do analista, que um lapso do analisando é diferente da interpretação do psicanalista, mas, do ponto de vista em que nos situamos, ou seja, do ponto de vista que considera o inconsciente como uma estrutura, esses dois atos são formalmente idênticos, ou, se preferirmos, significantes.

*

Se o psicanalista está em condições de sancionar como ato a existência do inconsciente de seu analisando, é porque ele mesmo já percorreu, na condição de paciente, o caminho de uma análise.

*

Essa conjunção de dois atos que, no campo da análise, põe em prática o inconsciente, permite-nos formular três hipóteses, que submeto a vocês:

- O inconsciente não é uma instância oculta, já presente, à espera de uma interpretação que venha revelá-lo, mas uma instância *produzida* quando a interpretação do analista, considerada como um ato de seu inconsciente, reconhece o ato do inconsciente do analisando.
- Assim produzido, o inconsciente é uma estrutura *única*, comum a ambos os parceiros analíticos. Por conseguinte, devemos corrigir a hipótese anterior e concluir que não existe um inconsciente pertencente ao analisando e, depois, um outro inconsciente pertencente ao psicanalista, mas *há apenas um único inconsciente*, o que é produzido e é singular no seio da transferência.
- Por fim, a terceira hipótese é a reafirmação de minha proposta inicial de pensar a existência do inconsciente exclusivamente dentro da análise, lembrando que o próprio Lacan também se deteve sobre esse mesmo problema, sem resolvê-lo. Em resposta à observação de um interlocutor que afirmou: "Eu disse que a psicanálise só pode ser válida dentro do campo de suas observações, que

é a situação analítica", Lacan replicou: "É exatamente isso o que digo. Não temos meios de saber se o inconsciente existe fora da psicanálise."[2]

Quando o inconsciente é interpretado, isso pressupõe que tenhamos meios de agir sobre ele?

O inconsciente é um nome

Há uma loucura no ato de fundar

O inconsciente é um saber que não podemos apreender diretamente. O inconsciente como saber é mais do que uma hipótese, é quase uma tese, ou melhor, um princípio, ou ainda um axioma. Isso quer dizer que não conhecemos o inconsciente, não podemos apreendê-lo, ele não é tangível, é tão intangível quanto o número imaginário *i*. Ele é inapreensível, mas lhe damos um nome. Que é que Freud faz? Ele nomeia. Freud funda, nomeia. Freud dá nome a um acontecimento inesperado, ao sonho que surpreende o sujeito, e diz: "Aqui existe um saber diferente, que chamaremos de inconsciente." Essa é a parte louca do pai. O pai é louco quando não tem medo de fundar. Quando o pai funda, ele se identifica com o nome, é o nome, aliena seu ser num nome, torna-se significante do Nome-do-Pai. Há uma insensatez em Freud quando ele propõe, com louca certeza: "Eis o inconsciente"; não no sentido de ele retomar esse termo, que já existia em muitos filósofos, mas no sentido de lhe dar uma consistência até então inédita. É que ele não se contenta em declarar "Eis aqui o inconsciente", mas acrescenta: "Formulamos para nós duas concepções do inconsciente, ou até três, uma concepção dinâmica, uma tópica e uma econômica." Ele começa por nomear, e a coisa existe. Mas, evidentemente, nem todo nome é capaz, por si só, de instituir a existência. É preciso, ainda, que esse nome se repita e se inscreva numa estrutura. Nomear não é simplesmente apor um nome, nomear é um ato que não apenas dá existência a um elemento, mas que dá consistência e gera uma estrutura. Freud nomeia, a coisa existe e a consistência é exibida.

Ora, muitas vezes, no contexto da análise, a interpretação do psicanalista limita-se a esse ato, o de nomear.

2. *Scilicet* 6/7, Paris, Seuil, 1976, p. 25.

Uma interpretação exata consiste, precisamente, em dar o nome certo ao acontecimento que surge. E, ao se fazer isso, dá-se existência à estrutura do inconsciente. Mas o problema é que é preciso interpretar sem pensar demais. A interpretação não é uma intervenção refletida nem calculada, a interpretação é um nome que se dá sem se saber demais e, ao dá-lo, realiza-se um salto. A interpretação é o salto de um nome; é uma passagem, uma transposição, uma travessia pelo vau, molhando os pés. Como vocês estão vendo, a interpretação, como ato de nomear, implica o risco do expor-se.

*

Na sua opinião, a partir de que dados objetivos Lacan deduziu seu princípio do inconsciente estruturado como uma linguagem?

Sua observação leva-me, antes de mais nada, a relembrar a distinção importantíssima entre linguagem e língua. É claro que o inconsciente tem a estrutura de uma linguagem, mas seus efeitos manifestam-se no terreno da língua, isto é, no da linguagem falada. Ora, os dados concretos e objetivos que permitem inferir a estrutura de linguagem do inconsciente são exteriorizações do inconsciente. Já assinalamos que cada uma das manifestações do inconsciente deve ser formalmente repertoriada na qualidade de significante, ou, mais exatamente, de *um* significante. Também dissemos que essas exteriorizações pertencem a diversas realidades: um gesto do corpo, uma palavra inopinada, ou qualquer outro acontecimento. Mas, dentre todas as realidades em que o inconsciente se exprime, a da língua oferece a melhor abertura para acedermos à ordem estrutural do inconsciente. Da mesma maneira que Freud considerava o sonho a via real de acesso ao inconsciente, eu diria que, para Lacan, a via real a ser seguida é a da língua.

Assim, Lacan respeita a diferença estabelecida por Saussure entre a língua e a linguagem: a língua é a linguagem falada. Existe, a princípio, uma língua, que seria, por exemplo, o dialeto de Cáli, que suponho ser muito distinto do da capital de vocês, Bogotá, mesmo que, nessas duas regiões, fale-se a mesma língua, o espanhol. Depois, e acima de tudo, existe essa língua particular que é a língua materna, a língua falada pela mãe. Ora, o inconsciente se manifesta justamente nessa língua. Na verdade, a boa definição seria: "O inconsciente se estrutura como uma linguagem e se manifesta na língua falada pela mãe."

Mas, então, nosso inconsciente é estruturado em espanhol, já que falamos espanhol?

Não, o espanhol é, antes de mais nada, uma língua em que o inconsciente se manifesta, e não uma linguagem na qual ele se estrutura. Observem que, numa certa época, eu me formulei uma pergunta parecida, ao dizer a mim mesmo que o inconsciente era estruturado em latim, porque...

... Porque é duro de compreender!...

... Não, porque, ao trabalhar sobre a lógica da Idade Média, eu havia pensado no inconsciente de lógicos como, por exemplo, Shyreswood ou Ockham, e dissera a mim mesmo: "Já que essas pessoas escreviam em latim e criavam a lógica em latim, a estrutura de seu inconsciente devia ser forçosamente influenciada pelo latim, mesmo que a língua de suas mães fosse o inglês medieval... e que os psicanalistas ainda não existissem." Sendo assim, vamos aceitar que o inconsciente é estruturado como uma linguagem, que tem efeitos nas diferentes línguas faladas pelo sujeito e, muito particularmente, em sua língua materna.

Pois bem, a diferença entre linguagem e língua também nos serve para pensar a relação da criança com a mãe. É que poderíamos dizer que a língua materna, essa língua falada pela mãe, é a língua da pele, de tudo o que é relativo ao corpo: numa palavra, do gozo. Lacan escreve "*alíngua*", para sublinhar o quanto o inconsciente se manifesta numa língua e o quanto é a partir dessas manifestações que a teoria analítica supõe um inconsciente

"Alíngua em que o gozo se deposita..." J.L.

estruturado como uma linguagem. Mas, por que criar esse neologismo, a "alíngua"? Para deixar claro que não são tanto a língua de Cáli ou o dialeto de uma dada região que importam, mas sim, acima de tudo, alíngua em que se manifestam os efeitos do inconsciente. Esse neologismo gráfico lacaniano, que solda o artigo e o substantivo, serve para distinguir a língua do inconsciente da língua em sua acepção linguística. Trata-se da alíngua com que me fala um dado paciente, e mais outro, e ainda outro mais. Cada paciente, em última instância, fala uma língua diferente. Por quê? Porque não é apenas do francês que se trata, é do francês dele, familiar, materno, o de sua história singular. E, se ele é bilíngue e fala um francês ruim, esse francês ruim será, para ele, sua "alíngua". Conviria aprofundar o fenômeno do bilinguismo e observar como os efeitos do inconsciente emergem com mais facilidade quando se fala duas línguas do que quando se fala uma, ou seja, quando duas línguas foram mamadas, em vez de uma. Alíngua é algo que se mama, é a parte materna e gozosa da língua. Alíngua está intimamente ligada ao corpo, e portanto, é eminentemente carregada de sentido. Alíngua é uma língua de sentido, cheia de sentido.

Não existe inconsciente em si, mas existe uma alíngua em si

Se "alíngua é mamada", conviria corrigir o célebre ditado popular espanhol e, em vez de dizer "Quem não chora, não mama", corrigir e dizer: "Quem não mama, não fala"!

Sua inspiração é bonita e me evoca o seguinte: de fato, se fosse preciso mamar para falar, o que seria preciso fazer para escrever? Não é mamando que se escreve. Há alguma coisa da ordem da ruptura quando se escreve, há um rasgamento. Provavelmente, a escrita tem mais afinidade com alíngua como estrutura do que com a língua materna. Assim, alíngua em que o inconsciente produz seus efeitos é uma língua ligada ao corpo. Ora, que significa "ligada ao corpo", senão carregada de sentido? Quando se dá sentido às coisas, o corpo está no meio. Damos sentido conforme o corpo que temos. Toda interpretação do psicanalista que é reveladora de um sentido

O sentido é o corpo

é uma intervenção impregnada de corpo. O corpo está ali, no conhecimento, na leitura de um texto, na compreensão do que está escrito e no simples fato de se exclamar: "Compreendi!" É aí que está o corpo. O conhecimento está ligado à imagem do corpo. Hegel foi o primeiro a estabelecer os fundamentos corporais e imaginários do conhecimento. Seguindo uma intuição hegeliana, Lacan inventou o conceito de conhecimento paranoico. Para Lacan, todo conhecimento é um conhecimento paranoico, o que equivale a dizer que, em todo conhecimento, fixamos e cristalizamos os objetos do mundo, atribuindo-lhes um sentido. E eu acrescentaria: através da imagem do corpo. Sim, o conhecimento consiste em produzir um sentido através da imagem do corpo. Paul Valéry dizia: "Só se ingressa no conhecimento através do umbral do corpo." Gostaríamos de fazer nossa essa formulação.

*

O inconsciente se manifesta na alíngua, mas, por que Lacan toma a referência mais geral da linguagem para conceber o sistema inconsciente? Por que escolher a linguagem?

Que é uma estrutura?

Recordemos, inicialmente, que o aforismo lacaniano nasceu numa época marcada pela influência da linguística estrutural, então colocada como modelo de uma ciência jovem, que tinha de construir seu objeto próprio, a linguagem. Ora, a linguagem correspondia tão bem aos critérios que regem uma estrutura, que se tornou o arquétipo de todas as estruturas. Foi precisamente nessa perspectiva eminentemente formal da linguística que Lacan elevou o conceito de inconsciente à categoria de uma linguagem, isto é, de uma estrutura cuja unidade era o elemento significante. O inconsciente, portanto, satisfaz as exigências que definem qualquer estrutura. Quais são elas?

• Uma estrutura é uma cadeia de elementos distintos em sua realidade material, mas semelhantes em seu pertencimento a um mesmo conjunto. Esses elementos chamam-se significantes.

• Os significantes, articulados entre si, obedecem ao duplo movimento de ligação (metonímia) e substituição (metáfora). A metonímia é a conexão que mantém ligados, à maneira de uma cadeia, um significante com outro, um elo com outro. Ela garante que, num momento dado, a cadeia esteja em condições de delegar um significante ao lugar periférico do *Um*. Quanto à metáfora, ela designa o mecanismo de substituição graças ao qual essa delegação se produz, ou seja, o mecanismo graças ao qual o inconsciente se exterioriza sob a forma de um significante (significante metafórico).

Saber incessantemente quem trabalha...

... e produz o significante

• O duplo movimento de conexão e substituição dos significantes leva a estrutura a se atualizar ininterruptamente, isto é, a colocar permanentemente um de seus elementos na periferia. O buraco deixado vazio pelo significante marginalizado — significante então transformado em borda e limite da estrutura — é uma falta inscrita na cadeia. Uma falta que tem como efeito a mobilidade do conjunto.

Aí está, portanto, sucintamente relembrado, o funcionamento estrutural do inconsciente, que é o de qualquer linguagem. Se retomarmos, agora, nossas afirmações da primeira lição, iluminando-as com esses critérios estruturais, poderemos dizer, numa fórmula, que o inconsciente é um saber que, movido pela força do gozo, trabalha como uma cadeia metonímica, com vistas a produzir um fruto — o significante metafórico — e um efeito: o sujeito do inconsciente. Vocês estão vendo claramente o quanto a palavra "alíngua" contém em si, na verdade, a compreensão de um arranjo significante que se manifesta ininterruptamente. Só fazemos traduzir aqui o fato clínico mais corriqueiro, qual seja, que o inconsciente é um processo constantemente ativo, sob a forma da emissão sempre renovada de um dito significante.

Essa renovação corresponderia ao conceito de repetição em Lacan?

De fato. A renovação do significante metafórico realmente corresponde ao processo de repetição, tal como podemos concebê-lo, segundo Lacan, sob a designação de *automatismo de repetição*. É evidente que esses termos, renovação e repetição, são contraditórios, já que renovar é substituir uma coisa antiga por outra coisa nova, enquanto repetir é ver reaparecer um elemento idêntico. Renovar é substituir, enquanto repetir é voltar ao mesmo.

Repetir é ocupar alternadamente o lugar do Um

Ora, na psicanálise, essa contradição é apenas aparente, desde que admitamos que o mesmo da repetição é um lugar, o do significante *Um*, lugar este sucessivamente ocupado por acontecimentos cuja realidade, em cada ocasião, é diferente. Ao ocupar esse lugar, o acontecimento identifica-se com o *Um*, e, pelo fato de tê-lo ocupado, ele é investido da função de significante e se alinha imediatamente na cadeia metonímica de todos os outros significantes. Por conseguinte, quando falamos em repetição, devemos compreender que o que se repete é a *ocupação* do lugar do *Um*. O elemento que está no papel do *Um*, portanto, perde sua singularidade e se torna idêntico ao elemento que o precedeu e ao que o sucederá.

Eu gostaria de insistir nisso, porque a lógica do automatismo de repetição exige sempre um esforço especial de pensamento. Na repetição, portanto, cabe considerarmos dois lugares, o lugar do *Um*, ocupado pelo acontecimento que ocorre — o sintoma, por exemplo — e, depois, um segundo lugar, virtual: o da cadeia em que o acontecimento que antes ocupou o lugar do *Um* vem agora alinhar-se. Quando ele ocupa o lugar do *Um*, está sozinho, identificado com o *Um*; quando se alinha entre os outros na cadeia, é um significante entre outros. Todas as vezes que um elemento — sintoma ou qualquer outra manifestação do inconsciente — toma o lugar do *Um*, abrem-se, imediatamente, o passado das repetições já advindas e o futuro das repetições por vir.

Retomemos nossa fórmula da primeira lição: quando sobrevém um sintoma, ele anuncia como ato a repetição dos sintomas futuros e lembra que é a repetição dos sintomas já passados. O sintoma que ocorre ocupa o lugar do *Um* que constitui o limite, enquanto os outros sintomas, passados e futuros, representam a cadeia metonímica. Quando reúno a sequência dos sintomas já passados e a sequência dos sintomas futuros e os abstraio, formando um conjunto comum, descubro então duas instâncias: um único sintoma, aquele que está atuante, e o conjunto virtual dos sintomas passados e futuros. Eu diria que o inconsciente é uma cadeia infinita mas limitada, infinita por ser infinitamente ativa para produzir metáforas, e limitada como ato pela metáfora produzida. A cadeia não permanece estática, mas se desloca num movimento alternante e repetitivo. Hoje aparece determinado dito, determinado sintoma, mas, amanhã, outro sintoma surgirá no mesmo lugar, no lugar do *Um*. Embora o dito já tenha sido esquecido, outro sintoma diferente aparecerá, mas sempre no mesmo lugar do *Um*.

"O deslocamento [do significante é] comparável ao de nossas tiras de anúncios luminosos... em razão de seu funcionamento alternado." J.L.

Poderíamos resumir a lógica da repetição num esquema (figura 2) em que o exemplo de acontecimento que exerce a função do *Um* é um *dito* inadvertidamente enunciado pelo analisando, e a cadeia dos outros significantes é representada por um conjunto de *dizeres*. O dito significa o ato de enunciar um dizer; o dizer, ao contrário, significa o que se irá dizer, aquilo que, um dia, talvez tenha que ser dito, ou ainda, aquilo que já foi dito. São dizeres que, à espera de serem ditos ou já tendo sido ditos, permanecem em estado virtual e inconsciente. Enuncio um dito neste momento, mas ignoro quando e onde outro dito reaparecerá; talvez ele me surpreenda no sonho desta noite, ou em dado acontecimento imprevisível de amanhã. Numa palavra, o *dizer* pode ser definido como um dito ainda não dito, ou como um dito já dito no passado e à espera de reaparecer, ao passo que o *dito*, por sua vez, tem valor de ato: é o ato de dizer. O dito é sempre um ato, ao passo que o dizer fica suspenso na virtualidade de um passado e de uma expectativa. Deveríamos formular isso melhor e completá-lo, acrescentando que o dito é um ato, sem dúvida, mas que condensa unicamente em si, pontualmente, o conjunto da cadeia de dizeres inconscientes. Por isso, poderíamos afirmar que o dito significante é a colocação do inconsciente em ato, ou ainda, que o inconsciente existe no ato de um dito. Para ser completo, eu deveria lembrar que a lógica do par dizeres/ditos pode ser traduzida, na terminologia freudiana, pelo par representações recalcadas/retorno do recalcado. O que nos permitiria afirmar, simplesmente: o dito é o retorno dos dizeres recalcados.[3]

*

* *

O inconsciente existe no ato de um dito, reduz-se, portanto, a um dito; e, ao mesmo tempo, é estruturado como uma linguagem, tem a amplitude de uma estrutura. Não haveria nisso uma contradição?

Essas duas fórmulas de modo algum são contraditórias. Quando o inconsciente existe, ele existe apenas no ato de um dito, nem antes, nem depois, ao passo que, como estrutura, o inconsciente é suposto, e isso, depois de o ato ter sido praticado. Quando sustentamos, com Lacan, que o inconsciente é um saber estruturado como uma linguagem, trata-se justamente de uma estrutura suposta, suposta a partir do dito. Digamos isso de uma maneira melhor: o inconsciente é uma estrutura atualizada, posta em prática sob a forma de um dito que tem as propriedades de um significante. Assim, o inconsciente tanto pertence à ordem do *Um* — é o dito que o atualiza — quanto à ordem da estrutura — a cadeia que o constitui; o inconsciente é, ao mesmo tempo, o dito e o conjunto.

Quando o senhor enuncia que o inconsciente existe como ato, que devemos entender pela palavra "existência"?

Primeiro, é preciso compreender que o inconsciente é um conjunto contornado por um elemento extraído de sua trama. Se admitirmos o par *um conjunto* e *um elemento* extraído do interior do conjunto, e que reaparece em sua borda, poderemos definir a estrutura do inconsciente

3. A diferença entre o dizer e o dito foi amplamente abordada por Lacan num texto que lhes recomendo particularmente: trata-se de "L'Étourdit" ["O aturdito"], publicado em *Scilicet* 4, Paris, Seuil, 1973, pp. 5-52.

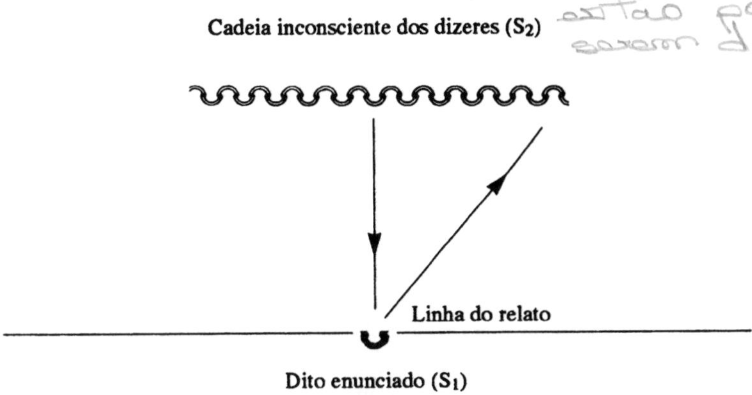

Figura 2

O inconsciente só existe no ato de um dito

"Para que uma coisa exista, é preciso que haja um furo em algum lugar." J.L.

como um conjunto menos 1, bordejado por esse 1. Assim, será um conjunto furado no interior, mas limitado por uma borda. O elemento S_1 será sempre 1 a mais ou 1 a menos. Que quer dizer a mais ou a menos? Quer dizer que o 1 está sempre fora do conjunto. Pois bem, o fato de o 1 ser a mais ou a menos depende do ângulo do qual contemplemos o conjunto. Se o contemplarmos observando sua trama interna, diremos que existe a falta de um elemento: o 1, nesse caso, estará a menos. Se, ao contrário, o contemplarmos como que visto do céu, ou seja, segundo sua extensão e suas bordas, diremos que o 1 que falta no interior da trama situa-se, agora, como uma borda que contorna e delimita o conjunto: o 1, nesse caso, é a mais, como uma ourela que orla a rede, ou como um traço de escrita (figura 3).

"Essa exterioridade do simbólico em relação ao homem é a própria noção do inconsciente." J.L.

Precisamente, o conceito de existência traduz, antes de mais nada, o fato de que o elemento S_1 está no limite externo da estrutura. A *ex*-sistência provém sempre da ordem do *Um* e da ordem da *ex*terioridade.[4] O *Um* "ex-siste" e, assim, faz existir o conjunto, ou seja, confere ao conjunto a continência necessária para que ele permaneça como uma cadeia coerente e estruturada. O *Um* ex-siste para que o conjunto consista. Essa maneira de escrever "ex-siste" remete a Heidegger, mas Lacan a retomou para dar um estatuto singular à noção de existência. A palavra "ex-sistência" significa, pois, em primeiro lugar, que se trata de um elemento único e exterior, em segundo, que esse elemento é o que faz às vezes do conjunto, e, em terceiro, que o conjunto se organiza como uma trama ligada, na qual falta um fio (furo), aquele que agora se converteu na borda. É nesse tipo de lógica que o psicanalista deve se exercitar. É preciso que algo esteja fora para que o restante se mantenha.

4. Esclarecemos que a noção de ex-sistência também é empregada por Lacan para designar o lugar excêntrico em que se situa o sujeito do inconsciente. Utilizamos esse mesmo termo, ex-sistência, num sentido vizinho, ao designarmos o lugar do *Um*, porque o *Um* é precisamente o significante que representa o sujeito. Em nossas formulações, frisamos um outro sentido da palavra ex-sistência, ao dizermos que o *Um* faz com que o conjunto ex-sista.

Esse esquema lógico pode ser aplicado a diversas configurações, como, por exemplo, ao mito do Pai da horda primeva, exposto por Freud em seu livro *Totem e tabu*. Os filhos da horda têm que matar o pai primitivo e, solenemente, devorá-lo, para "consistirem" como clã. É preciso colocar o *Um* do lado de fora para continuar juntos, sob a égide dele. Ora, aquele que se exclui é precisamente o pai. A figura do pai é um dos protótipos mais notáveis da exclusão. É justamente por essa razão que a função paterna, o lugar paterno da exclusão, é habitualmente tão difícil de assumir por um pai.

*

Na lógica do inconsciente, portanto, temos dois termos, a ex-sistência do *Um* e a consistência dos outros. Ora, é preciso acrescentar um complemento a esse par elementar, a saber, o furo. Assim, a configuração estrutural do inconsciente remete a uma tríade, a do *furo*, da *existência* e da *consistência*. No que concerne ao furo, podemos defini-lo como sendo a posição que o *Um* — agora transformado em borda externa — deixou de ocupar. O furo é a falta deixada pelo *Um* que "saiu" para tomar seu lugar no limite da rede (figura 3). Recordemos, neste ponto, que o furo permite a movimentação e o deslocamento das unidades da rede. Enquanto o *Um* assegura a consistência do conjunto, o furo garante sua dinâmica. Para completar realmente esse esquema lógico, eu deveria ainda acrescentar um quarto termo — talvez o mais importante de todos —, a saber, o *sujeito do inconsciente*, termo sobre o qual me estenderei longamente na sequência destas lições. Digamos, provisoriamente, que o sujeito do inconsciente é o efeito que se produz quando toda a estrutura está em movimento.

*

* *

Síntese das visões do inconsciente

Vocês estão vendo, neste momento, a diversidade dos quadros conceituais que utilizamos para tentar demarcar uma mesma dificuldade, a de pensar o inconsciente como sendo, ao mesmo tempo, o *Um* e o conjunto dos significantes menos esse *Um*, o conjunto furado pela falta do *Um*. Utilizamos, sucessivamente, diferentes pares conceituais: a metáfora e a metonímia, o *Um* e a cadeia, o limite e a cadeia infinita, o dito e os dizeres, o retorno do recalcado e as representações recalcadas, o par significante S_1/S_2 e, finalmente, o ato e o inconsciente. Observemos que o segundo parceiro de cada um desses pares — a metonímia, a cadeia, a cadeia infinita, os dizeres, as representações recalcadas, o S_2 e o inconsciente como estrutura — deve ser imaginado como uma rede que comporta um furo. Esse furo é o lugar vazio deixado pelo significante que foi ocupar provisoriamente o lugar do *Um*.

Pois bem, todas essas abordagens conceituais poderiam reduzir-se à mais inocente pergunta. Se o dito anuncia dizeres futuros e repete dizeres passados, é lícito nos indagarmos: "Mas, onde estão meus sonhos de antigamente? E onde estão os futuros? Onde se aloja meu passado?" Essa é não apenas nossa interrogação, mas é também a de filósofos como Heidegger, por exemplo. Para nós, indagarmo-nos sobre o passado é nossa maneira de interrogar o inconsciente: onde está o inconsciente? Mas Lacan não se pergunta, de maneira alguma, *onde está* o inconsciente, e sim *como* ele se organiza. Numa primeira fase, ele propôs: "O inconsciente se estrutura como uma linguagem", mas isso não bastou. Ele continuou, dizendo a si mesmo: o inconsciente deve, necessariamente, obedecer a uma lógica. E se lhe perguntássemos, então: Mas, que lógica?, ele teria respondido: Uma lógica dos significantes. E, obstinados, ainda poderíamos insistir: Mas, onde estão esses significantes? — Não tem importância!, ele teria replicado. Também os cientistas trabalham dessa maneira: sem exigirem um sentido exato das coisas, eles propõem. Quando surge um problema insolúvel, deslocam-no e o nomeiam, prosseguindo em sua busca. Creio que o procedimento lacaniano segue a mesma orientação. Lacan não se interroga, à maneira do metafísico, sobre a natureza do passado, do futuro ou do

Onde estão meus sonhos passados e futuros?

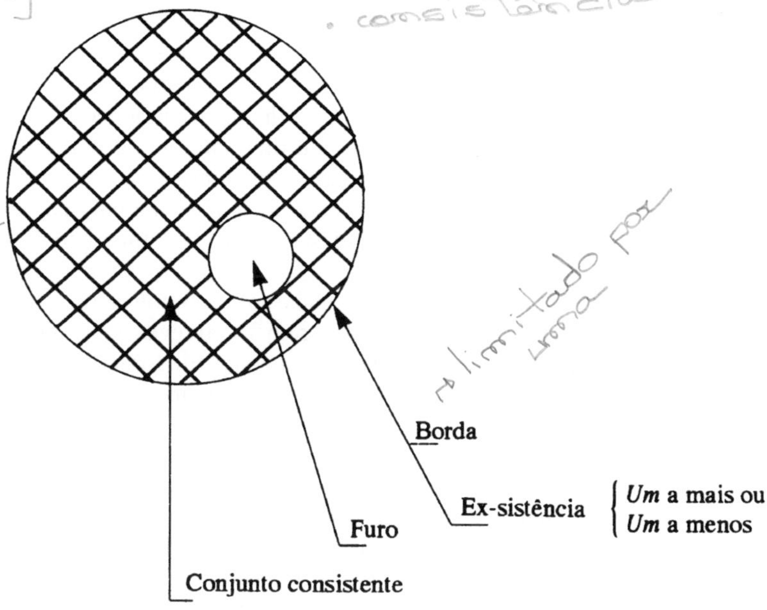

Figura 3

Matriz da estrutura: o todo, o furo e o *Um*

tempo em geral, mas procede como é frequente procedermos nas ciências. Substitui a questão do "onde" pela do "como" e, ao se perguntar como, nomeia e formaliza. Um problema surge, revela-se insolúvel e é então batizado com uma letra, sendo-lhe dado um nome. E, com esse nome, o trabalho continua, até que, progressivamente, a opacidade se esfume. Henri Poincaré sempre lembrava que o passo mais difícil no caminho da pesquisa é batizar os impasses com um nome certo, no momento oportuno.

Lacan, justamente, mais do que retomar os termos freudianos "recalcado" e "retorno do recalcado", prefere nomear e, principalmente, *escrever*. Ele formaliza, introduz letras, algarismos e nomes. Um nome sempre implica uma escrita. Mas, que é que ele escreve? Quanto ao *dito*, ele lhe dá a notação S_1, porque ele é 1 e sempre 1; e S, porque é um significante. Já ao conjunto dos *dizeres*, dos elementos encadeados e recalcados, ele dá a notação S_2. Escrever e formalizar nossos conceitos dessa maneira equivale a afirmar: "Pois bem, recomecemos, esquecendo agora o sentido das palavras." Com essas duas notações, S_1 e S_2, estamos operando no seio de uma lógica. Esquecemos a significação de cada termo, mas não esquecemos que S_1 pertence à dimensão do *Um* e que S_2 pertence à dimensão do conjunto. Assim, esboçamos uma lógica rigorosa da relação entre o *Um* e o conjunto. O *Um* tem uma relação de exclusão com o conjunto.

"A surpresa que pensa, fala em perguntas" M. Heidegger

No princípio, somos inocentes, perplexos, e nos formulamos as perguntas mais simples — a do lugar do inconsciente, a do "onde" —, e depois, operamos com os nomes formais, como S_1 e S_2, até nós virarmos para nos perguntar novamente: mas, qual é a relação de todos esses nomes conceituais com as perguntas simples que eu fazia a mim mesmo? O trabalho mental do analista é este: passar das perguntas mais simples para os conceitos mais formais — significantes, sujeito, objeto *a* etc. — para, em seguida, voltar a elas.

Qual foi a influência da lógica que permitiu formalizar o campo do inconsciente?

Deixei bem claro que não éramos lógicos nem linguistas, mas que convém, apesar disso, estudarmos os textos fundamentais dos lógicos, extrair deles todas as proposições capazes de esclarecer nosso campo, sem jamais renunciar à prioridade indiscutível que é o ensinamento da clínica. Certamente, o discurso analítico é diferente do discurso científico, mas a psicanálise deve sempre continuar atenta ao que lhe ensinam as outras disciplinas para pensar a experiência com nossos pacientes. Por exemplo, é frequente constatarmos o seguinte fato clínico: o sujeito, ao falar, emite uma palavra surpreendente e, súbito, para e exclama: "Eu nunca havia pensado nisso!" Essa surpresa, que, como vimos, aponta para a qualidade significante de uma fala, acarreta de imediato no paciente uma interrogação sobre a maneira como essa palavra pode ter surgido nele: "Como é que essa palavra advém em mim e me interroga?" A partir desse fato clínico fundamental, de um sujeito que diz mais do que sabe e do que quer, a psicanálise estabelece a teoria do par significante S_1/S_2, que mostra, conforme vimos elaborando, como um significante põe o inconsciente em prática.

Pois bem, vocês estão-me perguntando, precisamente, o que a lógica pode nos ensinar sobre a relação dinâmica entre um significante e a cadeia dos significantes inconscientes. Uma resposta possível a sua pergunta seria lembrar sucintamente três influências recebidas do campo da lógica pela teoria lacaniana. Refiro-me à axiomática de Peano, à lógica de Frege e à teoria dos conjuntos, em particular às proposições de Cantor. Trata-se de três concepções lógicas que nos permitem abordar de outra maneira o problema do significante, e às quais me dediquei em outras obras. A axiomática de Peano considera, no quadro da sequência dos números, o problema do lugar do zero e do sucessor.[5] Quanto a Cantor, ele nos esclarece

5. Desenvolvemos a relação da teoria lacaniana do significante com a axiomática de Peano em *Les yeux de Laure. Le concept d'objet* a *dans la théorie de J. Lacan*, Paris, Aubier, 1987.

sobre o caráter simultaneamente infinito e limitado do conjunto, segundo os dois princípios que propõe: o princípio do engendramento e o princípio da passagem ao limite. E por último, Frege,[6] em especial, ao estabelecer a distinção entre o conceito e o objeto, permitiu a Lacan formalizar melhor os estatutos do sujeito e do significante. Não estou afirmando que apliquemos escrupulosamente esses princípios ao campo da análise. Diria, antes, que nos servimos deles. E essa foi, justamente, uma censura que se dirigiu muitas vezes a Lacan, uma censura por ele se servir de conceitos retirados de disciplinas conexas, modificando-os conforme as exigências próprias do campo psicanalítico. Revelou-se inevitável que, para fazer um conceito importado funcionar no campo analítico, era preciso reformulá-lo, ao preço de privá-lo de sua especificidade original. Estou pensando, por exemplo, no uso absolutamente pessoal que Lacan fez dos quantificadores lógicos, para explicar a relação específica do homem e da mulher diante da função fálica (fórmulas da sexuação). Fundamentalmente, existem dois quantificadores lógicos: um é chamado "existência" e o outro, "universal". Um é grafado com a forma de um E invertido (∃), e o outro, com a de um A invertido (∀). Dito isso, não existe, na lógica, nenhum símbolo que negue o quantificador. No entanto, Lacan inventou uma barra sobre ambos os signos para indicar a negação dos quantificadores: (∃) e (∀). Como vocês podem ver, há toda uma maneira de conceber a circulação dos conceitos de uma disciplina para outra. Tomemos ainda o caso da elaboração lacaniana destinada a mostrar — graças ao nó borromeano — a estreita articulação entre o real, o simbólico e o imaginário. Nesse caso, ao que parece, Lacan não apenas importou e reelaborou um conceito proveniente de um domínio estranho à psicanálise, como é a teoria dos nós, mas, em contrapartida, enriqueceu o capítulo relativamente recente da topologia.

6. No que concerne à contribuição de Frege, o leitor pode reportar-se a meu texto "A criança magnífica da psicanálise" (publicado em *A criança magnífica da psicanálise*, Rio, Zahar, 1988, pp. 34-52).

Lacan, leitor de Saussure

Entre os numerosos exemplos de conceitos importados, o mais conhecido é o de significante, retirado de Saussure, mas cuja acepção psicanalítica é radicalmente diferente da acepção linguística. Há muitos anos, um linguista censurou Lacan por se servir indevidamente do termo "significante" e, sem dúvida, por ter lido superficialmente a obra de Saussure, em diagonal. Eu bem poderia imaginar uma resposta fictícia de Lacan: — Em diagonal? — ele teria retrucado. — Conviria chegarmos a um acordo quanto ao que significa, para o senhor, ler em diagonal. Se ler em diagonal significa ler superficialmente, rejeito, pura e simplesmente, sua objeção. Se, ao contrário, isso significa que aplico o sistema da diagonal para estabelecer a relação entre o conjunto e a ordem, isto é, justamente o mesmo sistema que permitiu a Cantor descobrir o número transfinito, nesse caso, sim, devo ter lido Saussure em diagonal, para poder fundar o conceito psicanalítico de significante.

E essa réplica teria sido correta, pois, justamente, Cantor utilizou o chamado método da contagem em diagonal para mostrar que a união de diversos conjuntos enumeráveis era, ela mesma, enumerável. Ele introduziu a grafia $\aleph_0$, aleph zero (aleph, primeira letra do alfabeto hebraico, seguido pelo índice o), como notação do número cardinal dos conjuntos enumeráveis, ou ainda, como o menor cardinal transfinito. Foi assim que essa "leitura em diagonal" levou Georg Cantor a produzir um novo elemento. E, conhecendo Cantor, Lacan teria acrescentado — ainda em minha ficção: Se seu comentário significa que minha leitura em diagonal de Saussure, seguinte o método de contagem em diagonal de Cantor, conduziu-me a encontrar um novo elemento, então, sua observação está certa, pois o conceito de significante que forjei não está em Saussure, constitui uma produção inteiramente nova.

Vocês hão de ter compreendido que, do ponto de vista epistemológico, existe um imenso campo a ser estudado — o da relação entre a circulação dos conceitos de uma disciplina para outra, e a supreendente fecundidade das novas produções que resultam disso.

* * *

> *O sujeito segue a fileira do simbólico...:*
> *não é apenas* o sujeito, *mas são*
> os sujeitos, *tomados em sua intersubjetividade,*
> *que pegam a fila (...) O deslocamento do*
> *significante determina os sujeitos em*
> *seus atos, em seu destino, em suas recusas, em*
> *seus enceguecimentos, em seus*
> *sucessos e sua sorte, não obstante*
> *seus dons inatos e suas conquistas sociais,*
> *sem consideração pelo caráter ou pelo sexo,*
> *e que, por bem ou por mal,*
> *a marcha do significante seguirá...* (V)
>
> J. Lacan

O significante não é endereçado a ninguém

Com isso, eu gostaria de voltar à lógica do par significante e extrair dela uma primeira consequência importantíssima para o trabalho com nossos analisandos. Se aceitarmos o postulado de que um significante está sempre articulado com uma cadeia de significantes, qual será a incidência disso em nossa prática? Pois bem, é que um significante nunca é destinado a uma pessoa, mas "destinado" a outros significantes com os quais se associa e com que leva sua vida própria de significante. De fato, o significante articula-se com um segundo significante, muito além do fato de eu o emitir ou de receber seu impacto.

Eu gostaria de ilustrar com um exemplo a fórmula lacaniana que afirma que *o significante só é significante para outro significante.* Tomemos novamente o caso de um sintoma; vamos considerá-lo em sua face de significante, distinguindo-o de sua face de signo. Lembro de um paciente que vem me consultar porque não consegue evitar enrubescer ante a visão de mulheres jovens e agradáveis. Nessas ocasiões, ele sente o calor subir-lhe pelo rosto, enrubesce e se vê constrangido a fugir e se esconder. Chama-se a isso eritrofobia. Nosso paciente contou que se senta num café e, ao observar, subitamente, a presença de uma mulher bonita, três mesas adiante, sente-se enrubescer e fica angustiado com a ideia de estar exposto aos olhares de todos. A eritrofobia, é claro, do ponto de vista psicopatológico, é sintoma de uma estrutura fóbica. Mas, de nosso ponto de vista psicanalítico, em que a eritrofobia constitui um sintoma? Que é que interessa, nesse caso, ao analista? Primeiramente, a maneira como o paciente relata o que lhe acontece, as palavras que emprega, ou as metáforas que inventa. Depois, os eventuais lapsos, erros ou equívocos que surjam no relato de seu mal-estar. E, por fim, no que nos concerne como clínicos — lembrem-se de uma das características que destacamos ao definir o sintoma: o fato de que o analista faz parte dele —, importa-nos, muito particularmente, reconhecer em nós mesmos os efeitos desse sintoma. Ao lhes falar do caso desse paciente, acabo de esboçar espontaneamente, sem me aperceber disso, o gesto de tocar minhas bochechas com as mãos. Talvez esse gesto seja apenas demonstrativo de minha explicação, mas também é possível que esteja diretamente ligado ao sintoma de eritrofobia de que o paciente se queixa. Mesmo um gesto espontâneo como esse, praticado aqui, diante de vocês, pode assumir o valor de um significante ligado aos significantes do inconsciente de meu paciente. Que quer dizer a ideia de que esse gesto teria um valor significante? Quer dizer que, fora de mim, além de mim e além do próprio paciente, o gesto de minhas mãos e o enrubescimento angustiante do rosto dele estão associados, num elo fora de nossas pessoas. Em outras palavras, ignoro, e meu paciente também ignora, como seu desejo inconsciente se repete através do meu.

O significante salta de sujeito para sujeito

Essa postura de analista que adoto diante de vocês, não apenas ao me implicar no sintoma de meu paciente, mas sobretudo ao reconhecer o valor significante desse sintoma, pois bem, essa postura é completamente oposta à imagem do praticante que, tomando o enrubescimento como signo, diz a si mesmo: "Mas, é claro, ele fica vermelho como um pênis!" Ou então, que, ao ver o desenho de uma criança, representando o mastro de um navio, diz: "Isso é o falo." Imaginemos, agora, uma outra interpretação mais sutil da eritrofobia. "Esse sintoma", pensaria outro clínico, "representa, na realidade, a posição feminina do paciente diante de seu pai." Esse analista saberia e poderia explicar como foi que chegou a essa conclusão, que já é muito mais rigorosa e exata do que a interpretação caricatural anterior. Pois bem, mesmo assim, com uma interpretação tão elaborada quanto essa, o analista continuou a tomar o sintoma como signo, e não como significante. Por quê? Porque interpretou o sintoma dando-lhe um sentido. Mas, nesse caso, dirão vocês, que atitude devemos adotar quando estivermos diante do sintoma como significante? A única reação que atestaria o impacto significante do sintoma seria a surpresa. O psicanalista, tocado pelo significante, fica sem dizer palavra, ou até sem pensamento, silencioso e atrapalhado. Se vocês quiserem saber quando tomaram o sintoma como significante, mais do que como signo, haverá apenas um indício: o espanto que se apodera de vocês.

"O deslocamento do significante determina os sujeitos..." J.L.

Insisto: o significante é aquilo que resiste a qualquer sentido; o significante não se destina, de maneira alguma, a receber um sentido, nem mesmo o produzido pela mais acertada das interpretações. O significante passa através dos sujeitos e vai além do sentido que o analista ou o analisando podem conferir-lhe.

Mas, ouço vocês me interrogarem prontamente: "Se o sintoma-significante resiste a qualquer sentido, inclusive o da mais correta das interpretações, e assim persiste fora de qualquer alcance, como podemos esperar o mínimo de alívio em nosso paciente?" Respondo dizendo-lhes que a maneira de tratar um sintoma-significante é substituí-lo por outro significante, e que a melhor interpretação que um analista possa dar não funciona, em absoluto, pelo sentido que revela, mas pelo lugar de significante que ocupa. Assim como a surpresa, no analista, é o indício inconstestável do impacto que tem nele a importância significante do sintoma, a surpresa, no paciente, é também o indício incontestável do impacto significante de uma interpretação.

A interpretação é um significante que se insere na cadeia inconsciente

O caráter inapreensível do significante levanta ainda o problema da escuta do psicanalista. Eis a objeção caricata de alguém que leve excessivamente ao pé da letra o poder do significante: "Certo", diria ele: "se o significante se repete sozinho, se está ligado à cadeia, se resiste a qualquer sentido revelado, e se vai além do conhecimento ou do pensamento, só restaria ao analista dormir em sua poltrona, já que, de qualquer maneira, o significante trilha seu caminho sozinho." De fato, segundo nossa concepção do significante, essa seria uma objeção possível no tocante à função do analista. Eu responderia que, de um ponto de vista estrito, a função analítica consiste em sustentar e assegurar a mobilidade da repetição. Finalmente, o analista tem como função favorecer a renovação do significante instalado no lugar do *Um*. Ocorre que, mesmo que o inconsciente seja automaticamente ativo, mesmo que o automatismo de repetição seja inexorável, ele pode esbarrar no obstáculo de ver um dado significante cristalizar-se no lugar do *Um* — é o caso dos sintomas tenazes —, ou então, de ver o gozo invadir o lugar do *Um* e criar a estagnação do sistema significante — é o caso das doenças psicossomáticas.[7] Em outras palavras, o analista mantém viva a fluidez da repetição significante, mantém vivo o desejo. E, precisamente, persiste a questão de saber quais são os gestos, as intervenções, as réplicas e as respostas que o analista deve efetuar em cada circunstância, para assumir sua função de acompanhar, preservar e alimentar o desejo na análise.

*
* *

7. Um exemplo clínico desse poder do gozo sobre o significante S_1 é desenvolvido na quinta lição, pp. 155-156.

São essas as consequências clínicas que eu gostaria de extrair da teoria lacaniana do significante. Podemos recordar a definição abstrata do significante: "Um significante é aquilo que representa o sujeito para outros significantes"; podemos ainda aprofundá-la e retrabalhá-la, mas nunca se deve perder de vista sua incidência clínica. Tão logo vocês interpretam um significante, isto é, tão logo lhe dão um sentido, ele deixa de ser significante e se transforma em signo. Mas, com todo o rigor, devo corrigir esta última formulação. Não quero dizer que o significante deixe de ser um significante, intrinsecamente, por ser interpretado. Não. O significante permanece, inelutavelmente, como significante, mas, a partir do momento em que vocês o interpretam, transformam-no em signo *para vocês*. É que, a partir do momento em que um significante é significante *para alguém*, ele já não é significante, mas signo.

Mas, intrinsecamente, ele continua a ser um significante?

O significante só age...

Exato. É justamente por essa razão que podemos afirmar que o sintoma tem duas faces: tanto uma face de significante, fora de nós, quanto uma face de signo conosco. Mas, não nos deixemos enganar. Apesar de radicalmente heterogêneas, essas duas faces não existem uma sem a outra, ou seja, acima de tudo, o significante só surge contra um fundo de sentido. O significante só pode levar sua vida própria, fora de nós, se, e unicamente se, o tomarmos por um signo que nos fala. Certamente, eu privilegio o valor significante do sintoma no analisando e da interpretação no analista, mas esse valor só se revela quando favorecemos ativamente, numa análise, a produção do sentido. O sintoma é sempre interpretável. É sempre possível dar-lhe um sentido, e o primeiro a lhe dar um sentido é o próprio paciente, ao sofrer. E, quando acontece o paciente não produzir nenhum sentido, não buscar a causa de seu sofrimento, é oportuno — havíamos insistido nesse ponto na primeira lição — interrogá-lo e lhe perguntar: "Que ideia você tem disso que lhe acontece?" "Qual seria, em sua opinião, a causa de seus males?"

... estando imerso num banho de sentido

Faço essas perguntas, não apenas no contexto das entrevistas preliminares, mas principalmente nos momentos da análise em que o paciente parece instalado na monotonia do ritual, como se já não tivesse nenhum desejo em relação à análise. O paciente comparece e fala, mas está ausente de sua fala, e o analista, conjuntamente, fica ausente de sua escuta. É nesse tipo de situação que penso ao afirmar a necessidade de incitar o analisando a tomar seu sintoma como um signo, produzir um sentido e construir a teoria daquilo em função do que ele sofre. Observem ainda que é na medida em que ele fala e se explica, que o amor transferencial se inicia e se desenvolve. O amor, na análise, é uma das principais imagens do sentido que se alimenta de signos. Quanto mais se fala, à procura do sentido, mais se ama aquele com quem se fala. Em suma, para que um sintoma tenha o peso incisivo de um significante, é conveniente que o clínico alimente e favoreça o sentido suscitado por esse mesmo sintoma, considerado como signo. O significante só age quando imerso num banho de sentido.

*

* *

Agora, eu gostaria de voltar ao significante, não mais em relação ao sentido, mas em sua conexão com outros significantes. Quando afirmamos que o significante leva sua vida autonomamente, que nos atravessa sem que saibamos disso, ou ainda, que se articula com outros significantes, queremos dar a entender o fato da repetição. Assim, na seta que indica que S_1 é significante para outros significantes S_2 ($S_1 \rightarrow S_2$), temos o representante gráfico do fenômeno da repetição. Vocês entenderam, penso eu, com o exemplo de meu "lapso" gestual, ocorrido quando lhes falei do paciente eritrofóbico, que o processo da repetição não se circunscreve numa única pessoa, mas se desenrola no espaço da ligação de uma pessoa com outra, como se o significante saltasse de um sujeito para outro. Na medida em que meu paciente fóbico mantém um vínculo transferencial com o analista que sou, é possível que a repetição de seu sintoma se inscreva em mim mesmo e se manifeste sob a forma de um gesto espontâneo, como o de agora há pouco. A cadeia metonímica de significantes inconscientes nos é comum, ao passo que o lugar do *Um* do significante metafórico mudou de suporte: antes, era ele, e há pouco, fui eu.

O inconsciente está fora do tempo, do espaço e da pessoa

Se compreendermos como funciona o inconsciente, admitiremos que a repetição não é uma repetição circunscrita à unidade imaginária chamada indivíduo. Graças a essa concepção lógica de um inconsciente estendido entre dois sujeitos, rompemos com três preconceitos intuitivos: o do tempo cronológico, o do espaço euclidiano e o da unidade indivíduo. Se trabalharmos a noção de inconsciente, se a pensarmos e a retomarmos incessantemente, e se, com ela, esclarecermos nossa prática, veremos, progressivamente, dissiparem-se em nós esses preconceitos constituídos pelo tempo cronológico, pelo espaço euclidiano e pela unidade egoica da pessoa. Não falaremos mais em termos de pessoas, nem em termos de passado, futuro ou presente, nem tampouco em termos de espaço-reservatório para designar o lugar do inconsciente. Devemos exercitar-nos em pensar de outra maneira. À medida que amadurecemos como clínicos e apuramos nossa escuta, somos confrontados com esse esforço de pensar o inconsciente fora do tempo, do espaço e da pessoa.

Lacan não é o único autor a ser atacado por romper esses preconceitos no psicanalista. Penso, em particular, em Bion, que, de maneira diferente de Lacan, levantou o problema do tempo e do espaço na psicanálise. Duas interrogações atravessam a obra desse analista anglo-saxão: qual é o tempo de surgimento de uma interpretação no clínico, e em que tempo, em que espaço, um dizer interpretativo produz efeitos no analisando? Bion chega até a se perguntar se não conviria imaginar o espaço da análise como um "espaço galáctico". Eu gostaria que ele houvesse aprofundado essas questões, mas penso que o simples fato de elas terem sido formuladas já tem todo o seu valor. Como vocês podem ver, essas interrogações, que subvertem as noções intuitivas de espaço e tempo na análise, não emergem exclusivamente do procedimento lacaniano. Creio que elas são inerentes ao compromisso do analista com seu trabalho. Eu gostaria de fazê-los sentir que essas problemáticas não são arbitrárias, especulativas ou abstratas. Elas surgem quando interrogamos, por exemplo, a relação entre o trabalho clínico com nossos pacientes e o ensino. Qual é, realmente, o vínculo entre o fato de eu estar com vocês, ensinando, e o paciente que me falou de eritrofobia? Que relação estabelecer entre o fato de eu relatar esse caso clínico, exatamente hoje, e a experiência transferencial com esse analisando? No espaço geográfico, há, neste momento, um oceano que nos separa, ele na França, eu aqui na Colômbia, e, no entanto, do ponto de vista psíquico, estamos, como ato, intimamente ligados. No tempo cronológico, existe também a defasagem de alguns anos — pois já faz dois anos que o paciente me falou de seu sintoma —, porém evocar seu caso hoje e imitar, como fiz, seu gesto com as mãos no rosto, isso ocorre com tamanha força de presença, que ela ultrapassa e subverte o tempo do relógio. Onde fica o dentro, onde fica o fora de uma análise? Onde fica o presente, onde fica o passado numa análise?

*

* *

Quais são os sinais que indicam que um sintoma como a eritrofobia se repete no analista?

Creio ter-lhe respondido: trata-se, ao falar de um paciente, ou, por exemplo, ao me identificar com ele, como acabo de fazer, de que um de seus sintomas se repete em mim. Quando se trabalha como analista há muitos anos, acaba-se por perceber o seguinte: há alguém ali, diante da gente, deitado, que fala e se queixa. Nós o escutamos, bem ou mal, e tentamos lançar uma luz sobre o caminho tomado por ele. Mas, em momentos mais intensos da análise, o analista descobre, surpreso, que há significantes da vida do paciente que se repetem nele mesmo. A vida do analista é crivada de retornos dos sintomas de seus pacientes. Veja como sua pergunta é pertinente. Existem diferentes modalidades da repetição dos sintomas no analista, como, por exemplo, este gesto aqui, feito na presença de vocês, que Freud talvez assimilasse a uma identificação com o paciente.

Como dissemos, o sintoma é um ato cujo alcance é ignorado; mas, uma vez localizado, será possível prevermos o próximo lugar de seu reaparecimento? É possível seguirmos o fio desse significante que aparece em um, desaparece e reaparece no outro? Nunca. Nunca poderemos, realmente, seguir o fio de um significante. Se o seguíssemos, o significante certamente continuaria autônomo em sua própria movimentação, mas, a nosso ver, logo se converteria em signo. E isto não é uma pirueta verbal. É como se eu lhes dissesse: "Interpretemos, pensemos, demos um sentido às coisas, mas saibamos que, acima e fora do sentido que lhes damos, as coisas continuam por si." É por essa razão, creio eu, que a repetição de um sintoma do paciente no analista pode atualizar-se no fato de ensinar, de realizar um seminário como este, ou até de esboçar um gesto com a mão, ou ainda, no âmbito da análise, no fato de formular uma interpretação oportuna.

Se penso que o trabalho com meus pacientes está na origem, por exemplo, de minha atividade de ensino, surge imediatamente uma pergunta: no fato de ensinar, estamos no campo interno ou externo da análise? Qual é a fronteira que separa o exterior do interior? Quando podemos dizer que já não existe fronteira? O psicanalista não deve supor que o universo de seus analisandos se isola dentro dos limites das paredes de seu consultório, nem que, quando sai do consultório, ele deixa atrás de si o lugar dos sintomas. De modo algum. Mas, nesse caso, cabe concluir que, não mais tendo barreiras, o analista passa a viver apenas no mundo exclusivo da psicanálise? É verdade que, no universo dos significantes, não existem fronteiras, e que o analista, como todo sujeito, é atravessado por eles. Existe, porém, uma espécie de peneira muito singular que regula as incidências do significante. Estou pensando no parceiro de vida do clínico. O cônjuge é, na verdade, um personagem decisivo, que desempenha o papel de muros psíquicos, de paredes permeáveis e regulatórias que servem de dique frente à repetição, no clínico, dos sintomas do paciente. O parceiro do analista, assim, funciona à maneira de uma barreira que permite atenuar os excessos de tensões devidos à escuta.

*

"Não existe metalinguagem que possa ser falada." J.L.

Vocês podem ver claramente que, se aceitarmos a ideia do inconsciente como repetição significante, passaremos a conceber a função do psicanalista e suas incidências em sua vida de maneira inteiramente nova. É por essa razão que podemos sustentar, com Lacan, a tese de que não existe metalinguagem. Que significa essa fórmula? A inexistência da metalinguagem significa que não existe uma linguagem-meta e uma linguagem-objeto. De fato, a partir do momento em que uma linguagem quer se exteriorizar e falar de uma linguagem-objeto, ela fracassa. Não consegue nunca fechar-se por completo. A metalinguagem não poderia escapar à falha que toda linguagem abre para o exterior; e é por isso que não consegue abarcar e conter uma suposta linguagem-objeto.

Por que esse comentário sobre a metalinguagem? Justamente para dar conta do seguinte: não se pode falar do inconsciente sem se reconhecer afetado pelo próprio inconsciente. Que estamos querendo dizer? Que não podemos falar do inconsciente como se estivéssemos fora de seu alcance. Que, se aceitarmos o caráter ativo do inconsciente, sua capacidade de produzir efeitos constantemente, admitiremos também que ele tem o poder de afetar toda fala e, em primeiro lugar, a nossa, que fala do inconsciente. Concretamente, se um analista pretendesse falar do inconsciente de maneira desligada, sem nenhuma implicação pessoal, podemos ter certeza de que ele não falaria do inconsciente. "Não existe metalinguagem" significa que não existe uma linguagem pretensamente externa e fechada que se refira ao inconsciente, sem que o inconsciente a rompa. Toda linguagem é uma linguagem exposta à emergência dos efeitos do inconsciente. Não há fala que não seja afetada pelo inconsciente. Refiro-me à fala plena, à fala que pesa. "Não existe metalinguagem" significa: não há meio de falar do inconsciente com palavras que tenham peso, sem que essa própria fala seja afetada pelo inconsciente.

Vale frisar que a tese da metalinguagem é uma proposta da lógica; de fato, foram os lógicos que inventaram a diferença entre uma linguagem-objeto e uma metalinguagem. Mas, enquanto o lógico se dedica à construção formal da proposição, o psicanalista se pergunta: em que essa mesma proposição é afetada pelo inconsciente? Ali onde o lógico faria um trabalho de formalização lógica entre proposições, o analista, por sua vez, pergunta a si mesmo: qual é o sujeito que fala por trás dessas proposições?

*

A diferença entre a psicanálise e a ciência é que a psicanálise toma o sujeito como material de seu trabalho, enquanto a ciência, por princípio, exclui, foraclui o sujeito. O discurso da ciência rejeita o sujeito, ou seja, ela não se questiona sobre o desejo do cientista e ignora os efeitos provocados no pesquisador pelo objeto de sua pesquisa. Afora o evento dos pesquisadores que elaboram fórmulas, o interesse da ciência consiste, acima de tudo, em seguir rigorosamente a maneira como a fórmula prossegue em seu desenvolvimento e se torna fecunda. Esse é o caráter significante de uma fórmula que se desenvolva independentemente dos que a criaram. Do ponto de vista estritamente formal, não importa quem fez o cálculo progredir. Como vocês estão vendo, o cálculo seria um ótimo exemplo de significante, mas, atenção! de significante sem sujeito. Por que sem sujeito? Porque o cálculo não é um significante no sentido analítico do termo, ou seja, não é um ato incompreendido por aquele que o pratica. O que nos interessa num cálculo é que ele progrida, permitindo a produção e a inclusão de novos elementos. A diferença entre o significante como cálculo e o significante de que estamos falando é que, por trás do significante como fórmula científica, não existe sujeito.

Não há significante sem sujeito

Ao contrário, por trás de todos os significantes com que somos confrontados na análise, e a despeito de seu caráter de absurdo, a psicanálise encontra um sujeito. Para nós, não há significante sem sujeito, enquanto para a ciência, ao contrário, o significante exclui o sujeito.

Quando o senhor fala de sujeito, de que sujeito se trata? Será do sujeito do inconsciente segundo Lacan?

Sim. Exatamente. Os psicanalistas, de seu ponto de vista, consideram o discurso científico como um discurso que exclui e foraclui o sujeito. Podemos dizer, portanto, que o "sujeito foracluído" é o sujeito ausente do discurso da ciência. Ora, vocês me perguntam de que sujeito se trata. Será do indivíduo? Não. Já lhes mostrei que a unidade egoica do indivíduo foi subvertida pelo conceito de inconsciente. Então, há que pensar num outro estatuto do "indivíduo", diferente do indivíduo tal como habitualmente o concebemos, como uma pessoa que tem um nome e um corpo determinados. Qual é esse outro estatuto do "indivíduo" que não é nem a pessoa, nem o ego, e que afirmo estar no centro de nosso trabalho de analistas, e ausente do discurso da ciência? É o "sujeito do inconsciente" introduzido por Lacan. Para um desenvolvimento mais amplo desse conceito nodal da teoria lacaniana, proponho-lhes que se reportem a minha conferência inteiramente dedicada ao problema do sujeito.

*

Dito isso, eu gostaria de concluir esta segunda lição com uma espécie de ficção lógica de inspiração lacaniana, que mostra o que é o sujeito do inconsciente por um ângulo muito particular, o de seu nascimento formal. Freud já havia imaginado o nascimento do sujeito sob a forma do mito da incorporação do pai primitivo pelos filhos ("identificação primária"). Em vez de uma concepção mítica desse nascimento, Lacan propõe uma concepção lógica. Graças à articulação lógica entre os conceitos de real, furo e significante, Lacan tenta dar conta do processo de engendramento do chamado sujeito do inconsciente.

O nascimento do sujeito

Onde Freud se pergunta como pode o eu nascer da incorporação do corpo do pai pelos filhos, Lacan, por sua vez, pergunta-se como pode o sujeito nascer de um processo lógico muito específico. Assim, podemos interrogar-nos: como se gera o sujeito do inconsciente? Esse é um problema difícil, cuja resposta exige que formulemos uma outra pergunta: como pode um sujeito nascer de nada? Como fazer para que, num planeta absolutamente vazio de qualquer ser, advenha alguma coisa? Para responder, devemos utilizar a palavra "privação". Convém lembrarmos que esse termo foi empregado na psicanálise pela primeira vez por Ernest Jones, a propósito da sexualidade feminina, em ligação com os conceitos de frustração e castração. É interessante notar que Lacan emprega esse mesmo termo, privação, num sentido radicalmente novo. Ele realiza um salto, que consiste em servir-se do conceito de privação para explicar de maneira lógica o nascimento do sujeito. Como, pois, num planeta vazio de todas as coisas, germina um ser? Como pode um ser surgir do nada, do real? Pois bem, para que um ser surja do real, é preciso que se cave um buraco no real, que haja no real alguma coisa a menos, ou, se vocês preferirem, que o real seja *privado* de algo. Toda a força do pensamento lacaniano está nisso: para conceber o surgimento positivo de um sujeito no real, é preciso, primeiro, pensar o real como um todo do qual se retira um elemento.

Sejamos mais claros, e vamos avançar em dois tempos: Imaginem que o real não é um planeta deserto, mas, ao contrário, cheio demais, infinitamente cheio, tão cheio de coisas e seres que é homogêneo a um vazio. O real não é o vazio no sentido do abismo oco, mas no sentido do infinitamente cheio, do lugar onde Tudo é possível.

Quando, nesse lugar onde Tudo é possível, revela-se uma — e uma única — impossibilidade, um único obstáculo, um único menos, então existe aí o nascimento de um ser positivo. O ser positivo, isto é, nosso sujeito do inconsciente, surge apenas como o correlato de um furo cavado no infinitamente cheio.

Em suma, para Lacan, o nascimento do sujeito do inconsciente só pode ser compreendido a partir de um furo cavado no real pelo esvaziamento de um elemento, e um só. Em outras palavras, o sujeito só sobrevém como *Um* ali onde o real — no sentido do infinitamente pleno — é afetado por uma falta. Modifiquemos os termos mais uma vez e digamos: se o real é o lugar onde Tudo é possível, o sujeito do inconsciente nasce, precisamente, ali onde se ergue o obstáculo de uma impossibilidade.

Vamos ficar por aqui, por enquanto, e eu lhes proponho retomar, na próxima lição, o conceito fundamental da teoria de Jacques Lacan, o de objeto *a*.

Terceira Lição

O exílio

A paixão de curar

Fingir esquecimento

A feminilidade do psicanalista

O objeto a

Que é um furo?

As imagens corporais do objeto a

Necessidade, demanda e desejo

O seio, objeto do desejo

Na última lição, o senhor situou o papel do psicanalista como devendo assegurar a fluidez do movimento repetitivo dos significantes. O senhor chegaria a ponto de afirmar que a mobilidade da repetição é o objetivo terapêutico da análise, que repetir é sinônimo de curar-se?

Hoje, eu gostaria de estudar com vocês o conceito lacaniano de objeto *a*, mas antes, responderei a sua pergunta, lembrando que a função analítica consiste, de fato, em manter viva a atividade do inconsciente. Ora, não basta ao psicanalista atribuir-se como único objetivo a exteriorização, ato por ato, das formações significantes, mas é ainda preciso que ele favoreça a exteriorização das instâncias mais internas do analisando. Eu me explico.

O exílio, meta de uma análise

Penso que a análise cria condições para que o sujeito se torne estranho a si mesmo. Não hesitaríamos em afirmar que a psicanálise deve tender a criar uma separação radical, uma perda essencial, reorganizadora da realidade psíquica do sujeito, uma perda que chamarei de exílio. Em vez de querer induzir transformações no paciente e situar a finalidade da análise em termos de mudança ou de cura, a psicanálise visaria a criar condições para que o sujeito depare, como que vindo de fora, com o estranho nele mesmo, com a coisa mais íntima de seu ser. Esse encontro com o estranho que existe em cada um de nós, a instância mais impessoal de nosso ser, esse encontro, eu gostaria de condensá-lo numa fórmula inspirada no mais célebre dos aforismos freudianos: "Ali onde estava o Isso — escreveu Freud — o eu deve advir." Se, agora, traduzirmos o termo "eu" por "sujeito", e o termo "isso" por "a coisa mais íntima e, no entanto, a mais estranha de nosso ser", chegaremos à seguinte máxima: "O objetivo da psicanálise é levar o sujeito a encontrar o isso estranho e impessoal, não no interior de nós mesmos, graças à introspecção, mas no exterior, nem que seja ao preço de uma percepção alucinada." Sendo psicanalistas, que deveríamos esperar de nossa ação? Que nosso paciente evolua, ou melhor, que atravesse a experiência excepcional de se exilar de si, de se perceber, nem que seja uma vez, como sendo outro que não ele mesmo? Se eu tivesse que estipular a orientação terapêutica da psicanálise, tomaria essa referência ao exílio. Exilar-se de si mesmo constitui, a meu ver, uma forma de cura, como se o encontro com o estranho provocasse, de quebra, um efeito curativo, um alívio dos sintomas.

Encontrar o estranho em si

*

A propósito das metas terapêuticas da análise, eu gostaria de recordar a posição de Lacan, que — seguindo Freud — toma a cura do analisando como um efeito secundário da análise, um benefício colateral, quase um epifenômeno que ocorreria independentemente da vontade do clínico. Imagino que essa postura seja desconcertante diante do que se pode legitimamente esperar: aliviar o paciente de seus males. Entretanto, devemos admitir que a ocorrência da cura não depende da boa utilização de uma técnica, mas da maneira como o clínico conceba a cura e a espere. Quando o psicanalista deseja curar, podemos ter certeza disso, ele não consegue a cura. Quando, ao contrário, ele refreia seu desejo — convencido de que a cura é um benefício adicional que não depende dele —, então, tem uma chance de que o sofrimento se interrompa.[1] No fundo, aplicamos aqui um artifício da razão no tocante à verdade: para que a verdade apareça, é preciso fingir que nos desviamos dela, ou até que a esquecemos. Sem dúvida, quando o paciente está sofren-

1. O leitor poderá reportar-se a meu artigo consagrado à cura: "La guérison: un point de vue lacanien", *in Esquisses Psychanalytiques*, n. 15, 1991.

do, ou quando um sintoma se repete obstinadamente, torna-se muito difícil para o clínico evitar a armadilha do *furor sanandi*. Sabemos que o analista é frequentemente tomado por essa paixão de curar que é própria dos médicos; é uma paixão despertada pela demanda maciça do analisando, uma paixão nascida do narcisismo que se reativa quando o clínico vê ser-lhe conferida a onipotência do curandeiro. É realmente a demanda que gera a paixão cega de curar, uma paixão que é irmã de outra paixão, a de querer compreender. Justamente, querer curar e querer compreender são duas tendências, no psicanalista, contrárias ao processo de exclusão e de exílio. Ora, se a cura não pode nem deve ser um objetivo perseguido pelo analista, que pode ele esperar? Que é que eu espero? Espero pela chegada de um fenômeno muito simples. Não espero nem a mudança nem a cura de meu analisando. Espero que a experiência advenha, que ocorra um acontecimento imprevisto na análise. Disponho-me à surpresa. O máximo que o analista pode esperar é que seu paciente o surpreenda. Evidentemente, não se trata de que o paciente queira deliberadamente surpreendê-lo; em geral, quando isso é premeditado, fracassa. Não, a surpresa deve atingir simultaneamente o paciente e o clínico. Em síntese, minha recomendação ao analista poderia resumir-se no seguinte: para que seu paciente um dia se livre de seu sofrimento, não procure livrá-lo dele e permaneça aberto à surpresa.

A paixão de curar

*

Ora, há um estado muito particular que predispõe e sensibiliza o clínico para receber o impacto do espanto. É uma atitude essencial do psicanalista diante do acontecimento, que Lacan denomina de semblante. O sentido da palavra semblante é o contrário da acepção corrente de "assumir uma aparência" ou "agir como se". O semblante praticado pelo psicanalista é o contrário do artifício; trata-se, antes, de um estado, uma disposição interna diante de si mesmo, e não de uma atitude afetada perante os outros. O semblante equivale a fazer uma *tabula rasa* de qualquer ideia, sentimento, ou, ainda, de qualquer paixão, até se tornar uma superfície virgem de inscrições. Não é fácil nos persuadirmos profundamente, diante de

Esquecer é criar, é recriar-se

nós mesmos, de que não sabemos nada. Não é fácil sermos o vazio em si, e, no entanto, esse é o único meio de assumirmos adequadamente nosso papel de analistas. Ouçamos Freud: "O psicanalista comporta-se da maneira mais adequada quando se entrega (...) a sua própria atividade mental inconsciente, quando evita, tanto quanto possível, refletir e elaborar as expectativas conscientes, quando não pretende, daquilo que escuta, fixar nada em particular em sua memória e, dessa maneira, capta o inconsciente do paciente com seu próprio inconsciente." É a esse estado de semblante que chamo fingir esquecimento. É preciso fingir esquecimento, exercitar-se no esquecimento e se deixar surpreender, instalar-se na inocência das primeiras vezes. Também podemos denominar esse estado segundo uma belíssima expressão empregada por Lacan, uma expressão do gênero feminino: "ser tapada." Insisto no gênero feminino, pois, de fato, há uma relação muito estreita entre a feminilidade e o semblante.

A feminilidade do psicanalista

A posição feminina caracteriza-se, precisamente, pela maneira de esconder, pela maneira de manejar o véu, não tanto para desaparecer aos olhos do outro, mas num gesto pudico de se cobrir para si mesma, um gesto tão espontâneo que parece prolongar naturalmente o corpo. Ser tapada é um estado próprio da feminilidade, de uma feminilidade virada para si mesma, e não para o outro. Estou pensando, em particular, nas dançarinas da Grécia antiga e em sua arte inimitável do manejo do véu na celebração dos rituais fúnebres.[2] Há, pois, uma maneira tipicamente feminina de velar-se: é, justamente, ser tapada.* Nesse sentido, podemos reconhecer uma diferença entre feminilidade e masculinidade no tocante ao ser tapada. Femi-

2. Vocês encontrarão uma descrição admirável dessa arte na já clássica obra do grande musicólogo francês Maurice Emmanuel, *La danse grecque antique*, Paris, Hachette, 1896.

* O termo *dupe*, da expressão original *faire la dupe* [bancar o(a) bobo(a)], é feminino, embora se aplique aos dois gêneros; na gíria brasileira, *tapado*, como sinônimo de simplório, pateta, fácil de enganar, penso termos uma boa condensação das ideias de tapar — cobrir (com véus, por exemplo), encobrir — e da acepção figurada de "ter os olhos fechados", bancar o bobo. (N.T.)

nilidade e masculinidade são, antes, posições definidas conforme o modo específico que cada um — independentemente de seu sexo — tem de habitar seu corpo, com sua maneira particular de dissimulá-lo. São modalidades diferentes de velamento do objeto, ou seja, duas maneiras distintas de recobrir e vestir o gozo. Quando a mulher esconde, já o dissemos, ela esconde como que se escondendo de si mesma, sem se preocupar muito com o outro, e, com isso, ela deixa entrever seu mistério; já o homem, quando esconde, esconde primordialmente aos olhos do outro e, por conseguinte, faz tanta questão de dissimular que o gesto de se mascarar torna-se flagrante. Na verdade, quando a mulher esconde, ela oferece o mistério e dá margem à surpresa, ao passo que o homem desfaz o enigma e abafa as perguntas. Insisto em que as palavras "mulher" e "homem" devem ser entendidas, aqui, em termos de posição feminina ou masculina, ocupadas por qualquer ser, seja qual for o seu sexo.

O semblante do psicanalista nada tem, portanto, de atitude afetada nem de comédia sabiamente montada. Como na feminilidade, trata-se de uma disposição subjetiva, interna, perante si mesmo, e não perante o outro. É graças a esse estado, em que o analista não procura curar nem compreender, mas dar-se como não sabendo, que ele talvez tenha a chance de ser surpreendido pela verdade; a verdade de seu analisando ou a sua própria, sob a forma de uma interpretação. Eu gostaria de traduzir essa fecundidade da postura do semblante, lembrando uma frase esclarecedora de Lacan: "O analista é aquele que, ao colocar o objeto a no lugar do semblante, fica na posição mais conveniente para fazer o que é correto fazer: interrogar como um saber [inconsciente] aquilo que diz respeito à verdade." Essa é uma fórmula que eu parafrasearia, dizendo: o analista é aquele que, ao silenciar em si (semblante), fica na posição mais conveniente para interpretar, isto é, para transformar o sintoma num significante que se abra para o saber inconsciente.

*
* *

Eu gostaria, agora, de abordar mais precisamente o conceito de objeto *a,* conceito ao qual já tive a oportunidade de dedicar vários capítulos de um livro.[3] Hoje, começarei por lembrar que se trata daquilo que o próprio Lacan toma por uma construção sua. Lacan considera ter construído e inventado o objeto *a*. Ele é um objeto que se reveste da característica de ser escrito com um símbolo, a letra "a". Esse símbolo "a" não representa a primeira letra do alfabeto, mas a primeira letra da palavra "outro" [*autre*]. Na teoria lacaniana, existe o outro com "a" minúsculo e o Outro com "A" maiúsculo. Este, o Outro maiúsculo, é uma das imagens antropomórficas do poder de sobredeterminação da cadeia significante. Já o outro minúsculo, com que a letra *a* qualifica nosso objeto, designa nosso semelhante, o alter ego. Pois bem, a invenção do objeto pequeno *a* responde a diversos problemas, mas, sobretudo, a esta pergunta, exatamente: "Quem é o outro? Quem é meu semelhante?"

Que é o objeto a?

Em seu artigo "Luto e melancolia", ao se referir à pessoa que foi perdida e de quem se faz o luto, Freud escreve a palavra "objeto", e não "pessoa". Freud já fornece a Lacan uma base para responder à pergunta "quem é o outro?" e construir seu conceito de objeto *a.* Quem é esse outro amado e agora desaparecido, de quem faço o luto? Freud o chama de "objeto", e Lacan, de "objeto *a*". "Li 'Luto e melancolia'", confidencia Lacan, "e bastou eu me deixar guiar por esse texto para encontrar o objeto *a*." Isso não significa que o outro desaparecido se chame objeto *a*, mas que o objeto a responde à pergunta "quem é o outro?". Por quê? Para melhor nos fazermos compreender, desdobremos a pergunta sobre o outro e perguntemo-nos: "Quem é esse diante de mim? Quem é ele? É um corpo? É uma imagem? É uma representação simbólica?" Coloquemo-nos no lugar do analisando, que, deitado no divã, pergunta a si mesmo: "Quem é essa presença atrás de mim? É uma voz? Uma

3. *Les yeux de Laure. Le concept d'objet* a *dans la théorie de J. Lacan, op. cit.*

respiração? Um sonho? Um produto do pensamento? Quem é o outro?" A psicanálise não responderá que "o outro é...", mas se limitará a dizer: "para responder a essa pergunta, construamos o objeto *a*." A letra *a* é uma maneira de nomear a dificuldade; ela surge no lugar de uma não resposta.

Quem é o outro?...

Lembrem-se do espírito do procedimento lacaniano, que, em vez de resolver um problema, dá-lhe um nome. O melhor exemplo desse procedimento é, precisamente, o objeto *a*. De fato, o objeto *a* é, com certeza, um dos mais notáveis exemplos da álgebra lacaniana; eu diria até que é o paradigma de todos os algoritmos psicanalíticos. Que é o objeto *a*? O objeto *a* é apenas uma letra, nada além da letra *a*, uma letra que tem a função central de nomear um problema não resolvido, ou, melhor ainda, de expressar uma ausência. Que ausência? A ausência de resposta a uma pergunta que insiste sem parar. Já que não encontramos a solução esperada e necessária, marcamos então, com uma notação escrita — uma simples letra —, o furo opaco de nossa ignorância, colocamos uma letra no lugar de uma resposta não fornecida. O objeto *a* designa, pois, uma impossibilidade, um ponto de resistência ao desenvolvimento teórico. Graças a essa notação, podemos — apesar de nossos tropeços — continuar a pesquisa, sem que a cadeia do saber seja rompida. Como vocês podem ver, o objeto *a* é, enfim, um artifício do pensamento analítico para contornar a rocha do impossível: transpomos o real ao representá-lo por uma letra. Ora, qual é a pergunta cuja resposta é *a*, ou seja, uma simples letra, vazia de sentido? Essa pergunta poderia formular-se de maneiras diferentes, segundo os contextos teóricos, mas a que se abre imediatamente para o objeto *a* é: "Quem é o outro, meu parceiro, a pessoa amada?"

Quando Freud escreve que o sujeito faz o luto do objeto perdido, ele não diz "da pessoa amada e perdida", e sim "do objeto perdido". Por quê? Quem era a pessoa amada que se perdeu? Que significa, para nós, esse outro a quem amamos, hoje ou no passado, esteja ele presente ou desaparecido? Que lugar ocupa para nós a "pessoa" amada? Mas, será realmente uma pessoa?... Alguém po-

... Uma imagem

... Uma parte de meu corpo

... Um traço

deria afirmar: "É uma imagem. A pessoa amada é sua própria imagem amada para você." Está certo, mas não é suficiente. Outra resposta seria: "A pessoa amada não é uma imagem, a pessoa amada é um corpo que prolonga seu corpo." Está certo, mais uma vez, mas ainda continua a ser insuficiente. Uma terceira resposta, por fim, nos descreveria a pessoa amada como o representante de uma história, de um conjunto de experiências passadas. Mais exatamente, essa pessoa portaria a marca comum, veicularia o traço comum entre todos os seres amados ao longo de uma vida. A propósito disso, podemos referir-nos ao texto de Freud intitulado *Psicologia das massas e análise do ego,* no qual ele distingue três tipos de identificação, dentre elas a que ele designa como identificação do sujeito com um *traço* do objeto, isto é, com *um traço* de todos os seres que um dia amamos. Freud nos fornece, nesse artigo, uma observação importante para compreendermos como se forma um par homem/mulher: amamos aquele que carrega o traço do objeto anteriormente amado, e a tal ponto que poderíamos afirmar que, na vida, todos os seres que amamos se assemelham por um traço. Efetivamente, quando temos um novo encontro, *é* frequente ficarmos surpresos ao constatar que ele traz a marca da pessoa anteriormente amada. A ideia genial de Freud consistiu em revelar que essa marca que persiste e se repete, no primeiro, no segundo e em todos os outros parceiros sucessivos de uma história, que essa marca é um traço, e que esse traço não é outra coisa senão nós mesmos. O sujeito *é* o traço comum dos objetos amados e perdidos no curso da vida. Foi exatamente isso que Lacan denominou de *traço unário.*

Assim, se retomarmos as três respostas possíveis à pergunta "Quem é o outro?", diremos: o outro amado é a imagem que amo de mim mesmo. O outro amado é um corpo que prolonga o meu. O outro amado é um traço repetitivo com o qual me identifico. Mas, em nenhuma dessas três respostas — a primeira, imaginária (o outro como imagem), a segunda, fantasística (o outro como corpo), e a terceira, simbólica (o outro como traço que condensa uma história) —, em nenhuma dessas três respostas revela-se a essência do outro amado. Não sabemos, afinal, quem é o outro eleito. Ora, é justamente aí que aparece o objeto *a,* no lugar de uma não resposta. Todavia, veremos que, das três abordagens possíveis para definir o outro, imaginária, fantasística e simbólica, é a segunda que remete mais diretamente ao conceito lacaniano de objeto *a:* o outro eleito é a parte fantasística e gozosa de meu corpo que me prolonga e me escapa.

... Uma fantasia

*

* *

Como articular o objeto a, *considerado como essa não resposta ao enigma do "outro", com os significantes da estrutura do inconsciente?*

Eu esperava, justamente, chegar a isso. A pergunta "Quem é o outro?" é uma das muitas maneiras de situar o objeto *a*, mas não é a única. Outra pergunta, por exemplo, é a do problema que já levantamos no fim da primeira lição: de que natureza é a energia subjacente à vida psíquica? Ou ainda: qual é a causa que anima nossos desejos? Já que não sabemos responder exatamente a essas perguntas, escrevemos, pois, a letra *a*. Graças a essa escrita, podemos prosseguir no movimento de formalização com outros sinais escritos, sem nos preocuparmos com nossas perguntas insolúveis. Assim, em vez de buscar em vão a natureza desconhecida da causa do desejo, passo a representá-la com a letra *a*.

Se proponho a pergunta "Quem é o outro?", é para melhor fazer compreender que a invenção do objeto *a* não resulta da decisão arbitrária de um autor, mas atende a uma necessidade, a uma exigência da prática clínica. Uma vez formulada a pergunta "Quem é o outro?", a teoria analítica esquece-se dessa pergunta, para trabalhar apenas com a notação formal "objeto *a*". Existem perguntas simples que são essenciais, por estarem na origem de um conceito, e que, não obstante, é preciso abandonar provisoriamente, para trabalhar apenas com a entidade formal, como se a pergunta inicial já não existisse. Na última vez, havíamos condensado os diferentes esquemas lógicos do inconsciente numa pergunta elementar: "Que é o passado?" Depois, ultrapassamos essa pergunta fictícia, apesar de essencial, para trabalhar apenas com o par significante S_1, S_2. Agora, adotamos o mesmo procedimento a respeito do enigma do "outro" e do objeto *a*.

Assim, deixemos provisoriamente esse problema do outro e trabalhemos por um momento com o estatuto formal do objeto *a*. É desse modo que poderei responder a sua interrogação sobre a relação de *a* com o conjunto dos significantes e com o significante do *Um*. Para começar, definirei formalmente o objeto *a* como aquilo que é heterogêneo à rede do conjunto significante. Ou seja, o sistema produz alguma coisa excedente que lhe é heterogênea ou estranha. Essa produção é uma operação similar, embora de ordem inteiramente diversa, à da exteriorização do significante S_1. No que concerne ao objeto, não falarei mais de elemento externo, mas de produto residual, de um "excedente" do sistema. O objeto *a* é o heterogêneo, como excesso gerado pelo sistema formal dos significantes. É uma produção que aparece como um excesso muito diferente do elemento significante, que, como borda, dá consistência ao conjunto. O objeto não é um elemento homogêneo ao conjunto significante, mas um produto heterogêneo que lhe dá consistência. O sistema, portanto, precisa de dois fatores para ter consistência: um elemento externo (S_1) e, depois, um produto eliminado (*a*). O significante externo S_1 é homogêneo ao conjunto significante, sua relação lhe é simbólica; inversamente, o produto residual, *a*, de natureza real, é heterogêneo ao conjunto significante. A ordem simbólica significa que todos os seus componentes, inclusive aquele que constitui seu limite (S_1), são homogêneos, isto é, todos são regidos pelas leis da lógica significante. Já o objeto *a*, ao contrário, é o único a escapar a essa lógica.

Estatuto formal do objeto a

*

É verdade que poderíamos identificar o objeto *a* com o furo na estrutura do inconsciente, isto é, com o lugar deixado vazio pelo significante da cadeia transformado

O objeto a *é o mais-gozar, causa do sistema significante*

em borda. Mas a identificação do objeto com o furo só seria legítima sob a condição de concebermos o furo, não numa visão estática, mas como um vazio aspirante. O objeto *a* é o furo da estrutura, se vocês o imaginarem, de fato, como a fonte de uma força aspirante que atrai os significantes, que os anima e dá consistência à cadeia. Ora, quando conseguimos imaginar o objeto como um furo tão vivo assim, é a imagem do gozo (mais-gozar) que se apresenta diante de nós.

Sejamos claros, porque a relação do objeto *a* com o furo é repleta de nuanças. Diremos que o objeto *a* é o furo na estrutura do inconsciente, se admitirmos três condições prévias: o furo é, primeiro, o pólo de atração que anima o sistema (causa); a força desse furo é chamada gozo (mais-gozar); e por último, o gozo, mais do que um turbilhão de energia no centro desse oco, é um fluxo constante que percorre as bordas do furo. Mas, para tornar mais compreensível essa relação objeto/furo, eu gostaria de deixar o ponto de vista formal para me aproximar da dimensão corporal, formulando, simplesmente, a pergunta: que é um furo?

*

Que é um furo?

Saiamos, portanto, do plano formal e nos perguntemos: qual é a representação psíquica que temos de um furo? Não a imagem consciente e visual, como a de nossa figura 3, mas a representação psíquica inscrita em nosso inconsciente. Como podem, por exemplo, uma mulher ou um homem — estou pensando, em particular, num paciente que sofra de impotência — representar para si esse paradigma do furo que é o sexo feminino, isto é, a vagina? Parece mais fácil a nossa mente representar o clitóris ou os lábios — as partes salientes do sexo feminino — do que fazer uma representação da abertura vaginal. Formulemos isso em outros termos: é como se a representação psíquica de um furo, e, mais particularmente, a da vagina, sucumbisse ao golpe do recalcamento, ao passo que a representação psíquica de uma saliência, como o clitóris, o seio ou o pênis, se prestasse melhor ao imaginário e emergisse com mais nitidez na superfície da consciência.

Vocês hão de reparar no contraste entre o recalcamento da representação da vagina, de um lado, e de outro, ao contrário, o superinvestimento da representação da saliência. É muito fácil esquecermos e negarmos um furo, ao passo que somos facilmente subjugados por uma saliência. Nunca sabemos muito bem o que é um furo, enquanto somos imediatamente sensíveis à percepção de um apêndice. Que propriedade tem o furo, portanto, para provocar o recalcamento dessa maneira, e que propriedade tem uma saliência para atrair assim o investimento? Certamente, não tenho uma resposta para essa pergunta. Contudo, ela é importante, porque levantar o problema da natureza intrínseca do furo significa levantar o problema da natureza intrínseca dos orifícios do corpo, ou seja, das aberturas erógenas do corpo. Assim, perguntar-se "que é um furo?" equivale a se perguntar: "que é uma abertura orificial?".

O furo é uma borda...

De fato, será possível dizermos que um orifício erógeno é um furo? Ou, ao contrário, não deveríamos considerar que o orifício, em vez de um furo, é uma borda, mais exatamente, bordas, ou, melhor ainda, pregas mucosas que, em suas pulsações, criam um buraco e imediatamente o apagam? Eu diria, assim, que em nosso mundo erógeno não existe, propriamente falando, um furo, tal como costumamos imaginá-lo — como uma abertura delimitada por um círculo —, e sim bordas contráteis e dilatáveis que criam buracos efêmeros. Pois bem, essas bordas palpitam quando são animadas pelo fluxo de uma energia que as percorre, uma energia dita gozosa. É aí que queríamos chegar. Partimos de uma visão formalista do furo localizado na estrutura do inconsciente (figura 3) para chegar, agora, ao enigma dos orifícios do corpo, até deduzir que são as bordas animadas pelo gozo que produzem e criam o furo. Não há furo sem um gozo que faça palpitarem as bordas.[4] Em suma, na vida erógena e, por

4. O leitor poderá aproximar essa tese, de que não há furo sem a energia que anima e faz palpitarem as bordas, das elaborações desenvolvidas por Lacan a partir do teorema de Stockes. Cf. *Écrits,* Paris, Seuil, 1966, p. 847, nota. Quanto ao teorema de Stockes, podemos consultar a excelente obra de E M. Purcell, *Berkeley: cours de physique,* vol. 2, Paris, Armand Colin, 1982, p. 66.

conseguinte, em nossa vida psíquica inconsciente, só existem furos gerados na tensão e no movimento. Observem que nossas considerações sobre os orifícios só terão fundamento sob a condição de pensarmos as bordas orificiais e o fluxo de gozo que as percorre como movidos pela presença de um outro corpo, ele próprio desejante.

... trilhada pelo fluxo de gozo

* * *

... o seio, o cíbalo, o olhar,
a voz: essas partes destacáveis, mas
intrinsecamente ligadas ao corpo,
é disso que se trata no objeto a.

J. Lacan

Com essas colocações sobre o furo, compreendemos que o objeto *a* deve ser considerado, em sua essência, como sendo o fluxo de gozo que percorre a borda dos orifícios do corpo e, nessa condição, como a causa local que move o inconsciente e o faz trabalhar. Mas, na teoria lacaniana, existe sobretudo uma outra abordagem do *a,* segundo a qual o objeto é não apenas o *em si* do gozo, mas uma série de partes destacáveis do corpo. Veremos que essas entidades corporais não são, propriamente falando, fragmentos materiais do corpo, elementos orgânicos, mas antes, fantasias, imagens, simulacros[5] que envolvem o real do gozo.

O objeto a *é um fluxo constante de gozo*

Conforme o desenvolvimento da sexualidade infantil exposto por Freud nos *Três ensaios*, a criança separa-se

5. Os simulacros ou semblantes corporais que recobrem e dão uma imagem ao em-si do objeto *a* remetem-nos aos simulacros descritos por Lucrécio: ''Os simulacros são figuras e imagens sutis, emitidas pelos objetos e que brotam de sua superfície. São membranas leves, desprendidas da superfície dos corpos, e que esvoaçam no ar em todos os sentidos" (*De la nature,* Les Belles Lettres, 1956, vol. II, IV, p. 7).

sucessivamente de uma série de objetos caducos, que, depois de terem estado a serviço de uma função do corpo da criança e de terem sido consumidos, são rejeitados. De acordo com os diferentes períodos de sua evolução, o sujeito "consome" e perde, sucessivamente, a placenta, o seio, depois os excrementos, e ainda o olhar e a voz. Essas são cinco imagens do desprendimento destacadas por Lacan dentre as numerosas variedades corporais do objeto *a*. Existe toda sorte de perdas corporais, é claro, porém as mais representativas e paradigmáticas do objeto *a* continuam a ser as cinco espécies mencionadas. Poderiam perguntar-me, por exemplo, quando uma paciente fala do problema de suas regras, se o sangue da menstruação pode ser considerado como um dos semblantes do objeto *a*. *A priori,* eu diria que não, salvo numa dada conjuntura particular que permitisse incluir a menstruação entre as imagens do objeto *a*. Mas, em contrapartida, posso conceber com mais certeza que a dor, também sob certas condições, seja uma entidade destacável e, mais exatamente, uma variedade do objeto *a*. Existem, na verdade, critérios precisos que servem de base para julgar se um dado desprendimento do corpo deve ou não ser classificado como objeto *a*.

Estatuto corporal do objeto a

Começamos por nos perguntar quem é o outro em geral. E, no caso mais específico de *Luto e melancolia,* quem é o outro desaparecido, qual é o objeto perdido. Agora, acabamos de evocar partes desligadas do corpo, que, sob certas condições bem estabelecidas, podem representar *a*. Ora, nem tudo o que é isolável no corpo constitui, necessariamente, uma espécie de objeto *a*. Para que haja um desligamento e para que essa separação seja identificável na categoria de *a*, três condições são necessárias: uma condição imaginária e duas condições simbólicas (figura 4).

*

* *

As duas espécies particulares de objeto *a* que são o seio e as fezes são determinadas por uma importante condição imaginária: elas apresentam uma forma proeminente que transborda do corpo, à maneira de uma projeção saliente e passível de ser pegada, separada ou até arrancada do corpo. O aspecto protuberante de um seio, por exemplo, convida a pegá-lo com a mão, agarrá-lo com a boca ou mordê-lo. Trata-se, pois, primeiramente, de figuras corporais que ultrapassam como um relevo a superfície que as porta, e que, dando-se como destacáveis, convidam à preensão. Não entrarei, aqui, nos detalhes das imagens de um Hieronymus Bosch, cuja pintura testemunha todos aqueles apêndices fantásticos, que parecem reclamar o aperto de uma mão pronta para agarrar, ou a avidez de uma boca devoradora. Insisto no fato de que essa condição imaginária só se aplica a algumas partes específicas do corpo. Um cotovelo, por exemplo, não convida particularmente a ser segurado ou arrancado. Evidentemente, vocês já terão compreendido, imagino, que o arquétipo que está na base de todas essas formas corporais proeminentes e seccionáveis não é outro senão o apêndice a que chamamos falo.

*

Quanto à primeira condição simbólica, ela consiste no fato de que esses lugares do corpo destinados à separação — em particular, o seio, no desmame, e os excrementos, na defecação — estão em relação direta com os orifícios naturais que palpitam, como a boca, no tocante ao seio, e o ânus, com respeito às fezes. Justamente, qualificamos essa condição de simbólica porque os relevos anatômicos, as bordas dos orifícios, são, propriamente falando, significantes. Significantes que recortam o objeto e o parcializam. Esses significantes são os contornos que sustentam a circulação do fluxo do gozo e lhe conferem sua permanência. Os outros dois objetos — a voz e o olhar — que, por sua vez, não dependem de nenhuma condição imaginária, são, no entanto, determinados pela mesma condição simbólica, a de serem produzidos por bordas que, como a boca e o ânus, vibram à sua maneira: a saber, as pálpebras, que piscam para dar origem ao olhar, e as paredes da glote, que vibram para dar origem à voz. Voz e olhar dependem da condição simbólica oferecida pelas

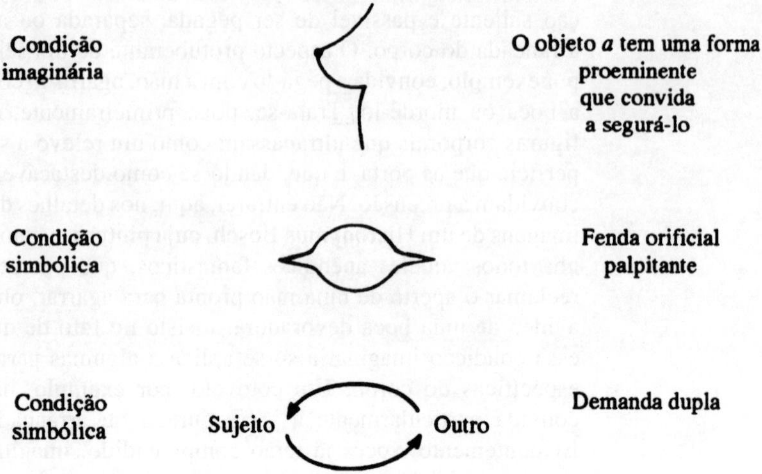

Figura 4

O objeto é uma parte destacável do corpo e seu destacamento é determinado por três condições: uma condição imaginária e duas condições simbólicas.

"o gozo... tira das bordas corporais sua permanência." J.L.

características anatômicas dos orifícios. Do ponto de vista imaginário, esses são objetos difíceis de imaginarizar, porque nenhum dos dois corresponde a qualquer forma plasticamente representável. É impossível, por exemplo, desenhar a voz ou o olhar. Lembremos, por fim, que essas fendas contrácteis que se fecham e se abrem — condição simbólica para que possamos dizer que uma dada emissão do corpo é uma imagem do objeto *a* — são chamadas por Freud de *zonas erógenas*.[6]

*

Passemos, por fim, à segunda condição simbólica. Ela consiste no fato de que os objetos só se desligam e se separam do corpo ao preço da ação da fala. É sempre uma fala que os separa do corpo. Ora, que fala pode separar um seio do corpo, por exemplo? Que fala pode ter o poder de retalhar um corpo? A primeira fala, a fala mais primitiva que, ao mesmo tempo, separa o seio do corpo da mãe e esse mesmo seio da boca do bebê é, fundamentalmente, o grito. Isso porque é exatamente através dos gritos que pedem a mamada que a criança se afirma e, de certa maneira, autonomiza-se como sujeito do desejo. Ao se distinguir do corpo da mãe, o sujeito parece carregar o seio consigo. Transforma o seio nutridor da mãe num seio mental que, daí em diante, passa a lhe pertencer.

O corte significante do grito

O grito tem, para nós, o valor de uma demanda, e, como toda demanda, implica uma fala em contrapartida. Pois, quem pede a quem? Trata-se, na verdade, de uma dupla demanda: a demanda do sujeito ao Outro — desta vez, o Outro com A maiúsculo, no caso, a mãe — e, reciprocamente, a demanda do Outro ao sujeito, da mãe

6. Observe-se, aqui, como essa condição simbólica de produção do objeto *a*, representada pela fenda orificial, aproxima-se da noção de "singularidade labial" proposta por René Thom em sua obra *Stabilité structurelle et morphogénèse*. Em nossa figura 4, o desenho que representa a fenda ("singularidade labial") foi extraído de "René Thom expliqué par lui-même", *in Pistes*, n. 1, 1989, p. 48.

ao bebê. É somente sob a condição simbólica de uma dupla demanda, do sujeito ao Outro e do Outro ao sujeito, que o seio se separa. Mas, por que dizer que a demanda é um corte? Como compreender que uma fala possa retalhar o corpo? Essa é uma maneira de dizer que, sendo a demanda uma fala, ela nunca chega a designar exatamente o objeto querido. Sabemos da inadequação fundamental entre coisa e linguagem, entre aquilo que quero e a fala que enuncio para obtê-lo, entre o seio que reclamo e o grito de meu apelo. Quando a criança grita sua fome, a mãe acha que ela está com frio, e assim, sucessivamente, sucedem-se os mal-entendidos. Em suma, dizer que a demanda é *um corte significante* equivale a dizer que ela erra o alvo de seu objeto, que transforma o objeto real que almeja numa abstração mental, numa imagem alucinada. É essa imagem, precisamente, que chamamos de objeto do desejo, ou objeto *a*. Assim, o seio demandado transforma-se — por intermédio da fala — em seio alucinado do desejo.

O seio separado do corpo da mãe...

Uma criança pode perfeitamente saciar sua fome e, apesar disso, alucinar o seio, como se não houvesse comido. Por quê? Porque o seio alucinado é o seio do desejo. Que quer dizer "o seio do desejo?" Isso significa que a relação da criança com o seio psíquico está diretamente ligada à relação da mãe com seu próprio corpo. O seio do desejo da criança depende do desejo da mãe de dar o seio. Qual é esse desejo materno? Não o de alimentar seu filho, mas um desejo que está nas raias do desejo erótico. É raro, em geral, uma mãe dar o seio sem vivenciar esse gesto como marcado por um certo erotismo, como algo diferente de um gesto puramente nutricional. Aí reencontramos a mesma problemática do Édipo. O problema do Édipo, dizia-nos Freud, não está apenas em a criança desejar dormir com a mãe, mas, sobretudo, em também a mãe desejar eroticamente seu filho. A chave do Édipo consiste em que não haveria desejo incestuoso se não houvesse dois desejos em jogo: o da mãe e o do filho. As mães que pude escutar ensinaram-me, realmente, que, desde o aleitamento até o momento do Édipo, seu desejo materno é tão intenso e intolerável quanto o desejo incestuoso da criança.

... transforma-se no seio alucinado do desejo

Assim, fica claro que o seio que nos interessa não é o seio orgânico do corpo materno, mas o seio psíquico que é produzido, uma vez que o seio materno é simbolicamente separado e perdido pela ação da fala. A criança sente fome, pede para mamar, mama, sacia sua fome e, finalmente, adormece. No entanto, ao dormir, alucina o seio, como se não estivesse saciada, como se ainda continuasse com vontade, não mais de se alimentar, mas de desejar, ou seja, de alimentar seu desejo. O seio que se separa do corpo da mãe e da boca do lactente é transformado num seio psíquico, é o seio que aparece como imagem na alucinação de uma criança satisfeita, no tocante a sua fome, mas insatisfeita no tocante a sua demanda. Recordemos, aqui, uma passagem dos *Escritos* em que Lacan situa da seguinte maneira a separação do seio: "... é entre o seio e a mãe que passa o plano de separação que faz do seio o objeto perdido em causa no desejo."[7]

A rigor, quando o objeto *a* assume a forma do seio alucinado, reconhecemos seu estatuto de objeto do desejo, mas, estritamente falando, em termos profundos, o objeto *a* não é o seio alucinado. Ele é a energia, o mais-gozar indefinível, ou ainda, o furo revestido pelo semblante alucinado de um seio. Numa palavra, diríamos que o objeto *a* não é o seio alucinado do desejo, mas o *em-si* que o seio-semblante encobre, um *em-si* coberto pelo semblante assim como uma membrana pode recobrir um núcleo intacto e inalterável.

*

Se voltarmos ao corpo em sua dimensão propriamente orgânica, que acha o senhor do seio materno, quer dizer, desse seio que o senhor qualificou de seio nutridor?

O seio que o bebê suga, na realidade, não interessa à psicanálise...

Isso pertence ao campo da puericultura?

7. *Écrits, op. cit.*, p. 848.

Da puericultura? Talvez. Como psicanalistas, deveríamos saber como as puericultoras ensinam as jovens mães a segurarem o mamilo com os dedos para estendê-lo até a boca da criança. Esse é sempre um gesto difícil, principalmente para as mães primíparas. Creio que ele não é fácil porque a mãe está enervada pelo desejo, porque o desejo é intolerável para ela. Creio que existe uma íntima relação entre o fato de não saber oferecer o mamilo ao filho e o caráter intolerável do desejo. Ignoro se as puericultoras pensaram nisso, mas seria interessante conversar com elas a esse respeito.

*

O senhor falou na separação entre o lactente e o seio materno sem empregar uma só vez a palavra desmame. Será que, a seu ver, a separação do seio como objeto a *seria assemelhável a um desmame?*

Fisiologicamente falando, o desmame é uma cessação progressiva do aleitamento e, acima de tudo, a substituição do alimento em forma de leite por uma nutrição mais sólida. Vocês hão de compreender que o desmame é, antes de mais nada, uma transformação na ordem das necessidades corporais, e não na ordem do desejo, ainda que a decisão do desmame remeta, em grande parte, ao desejo da mãe. Não, o desmame, tal como acabo de defini-lo, não é identificável com o desprendimento do seio como objeto *a.* A separação do seio de que estamos falando seria, antes, um "desmame simbólico", produzido pelo simples fato da fala. O desmame, no sentido analítico do termo, começa desde a primeira expressão humana, desde o momento em que o sujeito é capaz de produzir símbolos, todas as variações do símbolo, desde o primeiro grito até a fala mais elaborada.

*

Por outro lado, sua pergunta me evoca a maneira como Lacan interpreta a anorexia. Como dissemos, a criança pode muito bem ficar satisfeita do ponto de vista da

O desejo da anoréxica

necessidade e, no entanto, do ponto de vista do desejo, alucinar o seio. Ela não tem mais fome no ventre, mas conserva mentalmente o apetite do desejo. Pois bem, quanto à anoréxica — em geral, são mulheres jovens — ela não quer esse estado duplo de nosso recém-nascido: saciação da fome, não saciação do desejo. Ela quer que a insatisfação esteja em toda parte, que só exista insatisfação, tanto do ventre quanto do desejo. A anorexia consiste em dizer: "Não, não quero comer para não me satisfazer, e não quero me satisfazer para ter certeza de que meu desejo permanecerá intacto — e não apenas o meu, mas também o de minha mãe." A anorexia é um grito contra qualquer satisfação e uma manutenção obstinada do estado geral de insatisfação. Estou fazendo referência à anorexia que situo no quadro geral da histeria, pois esse é, a meu ver, um sofrimento tipicamente histérico. Evidentemente, não há atitude pior para com um anoréxico do que querer alimentá-lo. Isso só pode reforçar ainda mais seu protesto e sua insistência em preservar o desejo a qualquer preço, isto é, em defender a qualquer preço o fato de não ficar satisfeito e, desse modo, querer preservar seu desejo. Assim, aos olhos da anoréxica, o que contraria o desejo é a satisfação no nível da necessidade, pois, quanto mais aplacada for a necessidade, menos lhe será possível manter desperto seu desejo.

*

Quando o senhor diz que a criança alucina, que é que ela alucina, exatamente?

O objeto do desejo não pertence nem à mãe nem ao filho

A criança alucina o seio, ou, melhor dizendo, a criança alucina o objeto do desejo. Do desejo de quem? Da mãe e da criança. Na realidade, o filho alucina um objeto que não pertence nem a sua mãe nem a ele mesmo, mas que se encontra entre os dois. A esse respeito, formulemo-nos uma pergunta: a quem pertence esse seio que se perde? À mãe ou ao filho? Nem a um nem ao outro: é um objeto que cai no entre-dois, como qualquer objeto *a.* Lacan representa a queda do objeto com dois círculos de Euler que se superpõem (figura 5), um círculo representando o sujeito (a criança) e um segundo círculo representando o Outro (a mãe). O objeto *a* é aquilo que cai no meio, na intersecção do Outro com o sujeito.

*

O senhor fala em perdas e em desmame simbólico. Seria possível dizermos que o objeto a *corresponde à noção freudiana de objeto perdido?*

O objeto perdido é apenas uma das imagens possíveis dessa não resposta chamada objeto *a*. Aliás, convém nos precavermos contra o que seria uma visão exclusiva do objeto *a* considerado como uma perda. O objeto *a* pode ser teorizado de maneira diferente, sobretudo como mais-gozar, onde, longe de ser uma perda, ele é um excesso que se acumula. Pensamos no objeto *a* como perda quando ele se reveste das imagens semânticas relativas aos lugares erógenos do corpo: o seio, o olhar, a voz etc. Todas essas imagens são, na verdade, capas de *a*, máscaras carregadas de uma significação corporal, maquilagens que Lacan categoriza com o termo "semblante de ser"; mas — insisto —, o próprio objeto *a* é, em si, um real opaco, um gozo local, impossível de simbolizar. Portanto, falar do objeto *a* como uma perda corporal é apenas uma maneira de falar, eu diria, uma maneira "organicista" de nos referirmos ao objeto, uma aparência organicista e corporal do objeto. Feita essa ressalva, nem por isso deixa de ser legítimo empregar a expressão "objeto perdido" ou "perda".

*
* *

Às vezes, o senhor fala de demanda insatisfeita e, noutras vezes, como no caso da anorexia, de desejo insatisfeito. Como distinguir esses dois tipos de insatisfação?

A demanda carece de seu objeto...

Primeiro, vamos sublinhar mais uma vez que a demanda da criança visa ao corpo nutridor e erra o alvo, enquan-

Figura 5
As três etapas da produção do objeto *a*

to o desejo, por seu turno, visa ao incesto impossível e *encontra* o seio erótico. Assim, podemos afirmar que a demanda é insatisfeita porque nunca obtém o objeto real que almeja, enquanto o desejo é insatisfeito porque nunca alcança a meta impossível a que visa, ou seja, o incesto. Mas, se a demanda não é satisfeita pelo objeto concreto que lhe falta, e o desejo fica insatisfeito por não poder atingir o incesto impossível, persiste uma outra diferença: falta à demanda seu objeto e ela permanece não realizada, ao passo que ao desejo, por sua vez, falta o incesto, mas ele *encontra* um substituto, o objeto alucinado. Esse substituto, iremos reencontrá-lo, mais tarde, sob a forma da fantasia.

... e permanece insatisfeita

Vocês sabem que Lacan distingue a tríade necessidade, demanda e desejo. Quando a criança pede para comer, qual é a necessidade? A fome. Mas, quer tenha comido ou não, quer seja saciada no nível de sua necessidade ou continue não saciada, a criança, por ser um ser humano falante e sexuado, verá sua demanda insatisfeita e alucinará, inevitavelmente, o objeto do desejo. Ou seja, além da demanda, esse pequenino ser deseja. Em que consiste ele desejar? Em nada além de alucinar. A alucinação do seio *é* o desejo, é a forma mais pura, talvez, da realização de um desejo. Por quê? Porque esse seio alucinado, objeto do desejo, é uma coisa, por assim dizer, inteiramente criada pelos desejos conjugados da mãe e do filho.

O desejo carece do incesto...

Esse seio alucinado, muito diferente do seio corporal e mais ainda do leite nutritivo, é o fruto do elo desejante mãe-filho. Ele testemunha uma realidade incontestável: de um lado, mãe e filho não podem encontrar sua satisfação no simples ato de nutrição, e de outro, eles não podem nem querem encontrar sua satisfação no ato incestuoso. Não se satisfazem nem com uma necessidade saciada nem com uma demanda insatisfeita, nem com um incesto que lhes é impossível. Desejar o seio equivale a evitar a via da necessidade e a via do incesto.

O desejo, certamente, é intolerável, mas protege o sujeito contra a tendência, digamos, humana, que habita em todos nós, de buscar o limite extremo, o ponto de ruptura, a satisfação absoluta do incesto; numa palavra, o gozo do Outro. O desejo, com sua alucinação, certamente é intolerável, mas sabe proteger-nos, ao nos deter no caminho para um gozo mil vezes mais intolerável. É compreensível que todas as satisfações do desejo possam ser apenas satisfações parciais, ganhas no caminho da busca de uma satisfação total jamais atingida. Eu gostaria de ser muito claro. Que é que a criança deseja em termos absolutos, por princípio, à parte qualquer idade e qualquer circunstância concreta? O incesto. Isso é impossível e permanece como uma expectativa eternamente insatisfeita. Mas, nesse caso, com que se contenta ela? Com a satisfação parcial de alucinar um seio que não é o seio nutridor, mas um seio produzido por essas três condições: a pregnância imaginária, a relação com a boca como orifício erógeno e, por último, a demanda dupla. Em suma, todos os objetos, quer os chamemos "objetos do desejo", quer os chamemos, igualmente, "tipos do objeto *a*" — ou seja, a placenta, o seio, os excrementos, o olhar, a voz ou a dor —, todos esses objetos de natureza diferente sustentam e mantêm o desejo aquém da suposta satisfação absoluta que seria a posse incestuosa do corpo total da mãe. A criança jamais possuirá o corpo inteiro da mãe, mas apenas uma parte. E essa parte, ela só a possuirá, por assim dizer, em sua cabeça, na alucinação, ou através dessa outra produção psíquica que ainda não estudamos, a fantasia. Notem que a alucinação e a fantasia, embora diferentes do ponto de vista da clínica, são formações equivalentes do ponto de vista da "posse" psíquica do objeto parcial do desejo.

... e encontra o seio alucinado

Mas, como podemos dizer que a criança quereria possuir o corpo total da mãe?

O incesto: uma suposição dos psicanalistas

A ideia de que, em termos absolutos, o desejo é desejo de possuir o corpo inteiro da mãe, ou, se vocês preferirem, de que o desejo é desejo incestuoso, corresponde a uma suposição postulada pelos psicanalistas. É verdade que, para fundamentar essa suposição, nós nos apoiamos em indícios que ainda não indiquei, pois tomei outro caminho em minha exposição. Para justificar com clareza esse postulado eminentemente teórico, ou mesmo axiomático, acerca da meta incestuosa do desejo, seria necessário abordar o problema da castração e do falo na teoria psicanalítica. Mas, de qualquer modo, não temos nenhuma hesitação em afirmar que fomos nós, os analistas, que formulamos a premissa do incesto como o mais-além nunca alcançado do desejo. Acrescentemos, igualmente, que a afirmação de que o bebê alucina o seio e satisfaz parcialmente seu desejo é também uma conjectura analítica. Freud não foi o único a elaborá-la. Houve, acima de tudo, Melanie Klein. Talvez vocês saibam como Melanie Klein procedeu para fundamentar sua teoria, na qual o seio ocupa um lugar fundamental, não sabem? Em seus primórdios, ela ia a uma *nursery** e ficava sentada, durante horas e horas, olhando os bebês e tomando nota de todas as suas manifestações possíveis, manifestações essas que ela julgava como sendo a expressão corporal de fenômenos psíquicos, dentre eles a alucinação e, em termos mais gerais, processos mentais inconscientes. Enquanto os bebês dormiam, ela lhes observava o rosto, os movimentos da boca, a mímica, ou qualquer outro gesto que lhe permitisse confirmar sua hipótese de que a criança, naquele exato momento, alucinava o seio.

*
* *

Dito isso, eu gostaria de voltar à segunda condição. Dissemos que um objeto se separa sob o efeito da demanda da criança. Mas também deixamos claro que, na realidade, para deixar o seio nutridor e produzir o objeto *a* sob a forma do seio alucinado, é preciso mais do que a simples fala da criança: é preciso também a fala da mãe. Assim, vamos recordar que, a rigor, a condição simbólica da produção do objeto é uma fala dupla, uma demanda dupla. O lactente só pode pedir o seio se sua mãe o reconhecer, em contrapartida, como sendo seu filho.

* Aposento, numa casa, creche ou hospital, destinado às crianças pequenas; em inglês no original. (N.T.)

Refiramo-nos à figura 6. Temos dois circuitos, um que corresponde à demanda que a criança, ao chorar ou gritar, dirige à mãe: "Estou com fome." É o que chamamos demanda *ao* Outro. Depois, há um segundo circuito, que corresponde à demanda *do* Outro à criança, uma demanda implícita na primeira e que se formularia, reciprocamente, como: "Deixe-se alimentar." "Estou com fome" é a demanda que vai da criança para a mãe, e "Deixe-se alimentar, meu filho" é a demanda que vai da mãe para a criança. Graças ao desenho, podemos ver que não existe demanda do sujeito que não implique a demanda inversa proveniente do Outro. Essas duas demandas descrevem um único trajeto, o do corte. O objeto, então, se desprende, a criança alucina o seio e, ao alucinar, identifica-se com ele. A criança é o seio que ela alucina. Em nosso exemplo, o sujeito transformado em seio oferece-se à devoração do Outro: "Coma-me, mamãe." Iremos reencontrar essa identificação com o objeto ao estudarmos a estrutura da fantasia.

A criança é o seio que ela alucina

*

* *

Antes de resumir esta aula, eu gostaria de lhes relembrar uma observação de Freud, contida numa das últimas anotações feitas num caderno às vésperas de sua morte. Essa observação concerne, justamente, à dupla relação da criança com o seio, *tê-lo* ou *sê-lo,* ter o seio ou ser o seio. Eis o que escreveu Freud, num estilo telegráfico:[8]

"Ter e ser na criança. A criança gosta de exprimir a relação objetal pela identificação: sou o objeto. O ter é a relação posterior, recai no ser após a perda do objeto. Modelo: seio. O seio é um pedaço de mim, sou o seio. Só mais tarde: eu o tenho, ou seja, não o sou..."

"O seio é um pedaço de mim, sou o seio." S. Freud

Deixo-lhes o prazer de meditarem sobre essas frases tocantes e enigmáticas. De minha parte, entrego-lhes o

8. *Résultats, idées, problèmes,* II, Paris, P.U.F., 1985, p. 287 ["Acha dos, ideias, problemas", Edição Standard Brasileira das Obras Psicológicas Completas de Sigmund Freud, vol. XXIII, Rio, Imago, 1ª ed.].

Circuito de uma dupla demanda

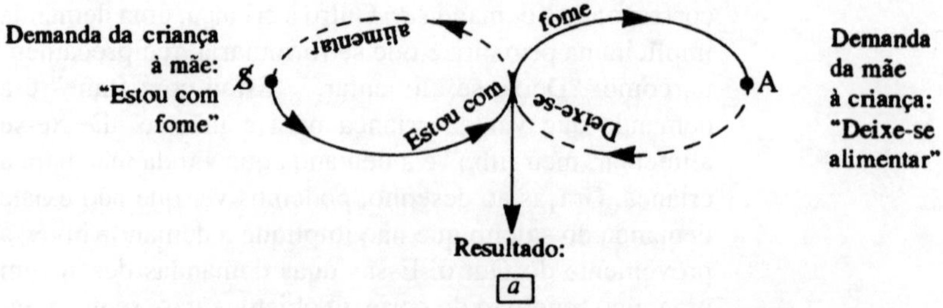

Identificação do sujeito com o objeto ($ ♦ *a*), que equivale ao desejo de ser comido pela mãe: "Coma-me, mamãe"

Figura 6
O objeto *a* resulta da realização de uma dupla demanda.
Quando o objeto se separa, o sujeito se identifica com ele (fantasia).

A criança é o seio que ela alucina

↓

o sujeito torna-se a devoração do outro

resultado de minha leitura. Freud distinguiria quatro tempos na relação da criança com o seio.

Primeiro tempo: *O seio é uma parte de mim.* É a relação de parasitismo do lactente com respeito ao corpo da mãe, quando ele está agarrado ao mamilo.

Segundo tempo: *Perco o seio.* É uma perda que corresponderia à etapa que descrevemos ao longo de todas as nossas elaborações sobre a constituição do objeto *a*.

Terceiro tempo: *Sou o seio que perdi.* Processo de identificação do sujeito com o objeto, alicerce fundamental da estrutura da fantasia.

Quarto tempo: *Tenho o seio*, isto é, já não o sou (autonomia).

*

* *

Para concluir, eu gostaria de recentrar nossas considerações sobre o objeto *a,* visto sob o ângulo da tríade necessidade-demanda-desejo, de acordo com seis proposições:

Seis proposições sobre o objeto a

Na ordem da *necessidade,* temos o seio nutridor, o leite e a fome, quer esta seja saciada ou não.

*

Na ordem da *demanda,* encontramos a demanda da criança endereçada à mãe (grito) e a demanda da mãe endereçada ao lactente ("Deixe-se alimentar, meu filho"). Essas duas demandas, uma a demanda de comer, outra a demanda de receber, são apenas, propriamente falando, apelos recíprocos de reconhecer e ser reconhecido. A conjunção dessas demandas assume a forma do amor recíproco mãe-filho. Sendo a demanda da criança uma fala, falta-lhe seu objeto: o seio nutridor. Ela permanece insatisfeita, mas abre as portas ao desejo. Quanto à demanda da mãe, ela depara com as mesmas vicissitudes que a do filho.

*

Na ordem do *desejo,* há, para começar, uma condição prévia: o desejo incestuoso de possuir o corpo total da mãe, e depois, a impossibilidade de chegar a isso. O resultado é a insatisfação.

*

Vamos ser claros: todas as vezes que empregamos a expressão "desejo insatisfeito", é do desejo incestuoso que se trata.

*

Essa insatisfação do desejo incestuoso traduz-se mentalmente na alucinação, não do corpo inteiro da mãe, mas de uma parte desse corpo: em nosso exemplo, o seio. Por isso, a alucinação do seio do desejo é o substituto da posse incestuosa do corpo materno. Vemos, assim, que a posse incestuosa da mãe é substituída pela alucinação do seio, e que o corpo total é substituído por um corpo parcial. Se empregarmos o vocabulário lacaniano do conceito de gozo, deveremos dizer que o gozo-Outro que corresponde ao corpo total é substituído, aqui, pelo mais-gozar (objeto *a*) que corresponde ao corpo parcial.

*

Assim, para a criança, o Outro, isto é, seu parceiro mais íntimo, sua mãe, fica reduzido, do ponto de vista do desejo, ao estado de seio alucinado. Ou seja, o objeto impossível do desejo incestuoso, que era a mãe, transforma-se então no seio alucinado, objeto parcial do desejo. O Outro reduz-se ao objeto *a.* A rigor, o sujeito também se reduz e se identifica com esse objeto do desejo. Essa dupla redução da mãe e do filho ao objeto *a*, redução alternada, é a operação nodal geradora da formação psíquica denominada de fantasia.

*

* *

Em síntese, explicamos que a produção do objeto *a* segue duas etapas. Primeiramente, consideramos o objeto *a* como uma parte destacável do corpo, mediante uma condição tríplice: uma condição imaginária e duas condições simbólicas (imagem pregnante, orifício e dupla demanda). Ao distinguirmos necessidade, demanda e desejo, também mostramos que o objeto *a,* como objeto do desejo, nada tem a ver com uma parte física do corpo, mas é, antes de mais nada, um produto alucinado. Em seguida, afirmamos que esse objeto não pertence nem ao sujeito nem ao outro. Por último, completaremos esse quadro da próxima vez, com uma terceira etapa em que explicaremos a identificação do sujeito com o objeto alucinado do desejo. É essa identificação que está na base da estruturação de uma fantasia.

*

Dito isso, eu gostaria de voltar a um esclarecimento e lembrar que o objeto *a* de Lacan não é, propriamente falando, o seio alucinado, objeto do desejo. Em termos estritos, ele é o furo, o gozo enigmático e inominável que Lacan chama de mais-gozar. O advérbio "mais" — lembrem-se de nossa primeira lição — frisa que o objeto é sempre um excesso ou um a mais de energia residual, inassimilúvel pelo sujeito. Um excedente de tensão que, na alucinação, reveste-se da forma familiar do mamilo, por exemplo. Evidentemente, o mamilo alucinado é apenas uma aparência, dentre outras, soba qual se apresenta o mais-gozar. É que esse excesso de gozo inominável e enigmático, chamado *a,* pode assumir todas as imagens corporais, visuais, auditivas, olfativas ou táteis que participam do encontro desejante (e insatisfeito, incestuosamente insatisfeito) entre a criança e a mãe, e, em termos mais genéricos, entre o sujeito e o Outro. O objeto *a* pode se dar a ser cheirado como determinado odor específico, na alucinação olfativa, ou como a suavidade do contato da pele, na alucinação tátil, ou ainda, dar-se a ouvir sob a forma do timbre inimitável da voz materna, numa alucinação auditiva. Certamente, todas essas formas combinam-se numa infinidade de variações, todas sensoriais, de imagens alucinadas do desejo.

*

* *

Quarta Lição

A característica da análise

O psicanalista e o isso

A clínica da fantasia

A matriz formal da fantasia

O corpo: foco de gozo

Os olhos do voyeur

O pé do dançarino

O analista funciona, na análise, como representante do objeto a.

J. Lacan

Vamos retomar o fio de nossa exposição sobre o objeto *a*, situando sua função nessa formação psíquica, tão presente na clínica, que chamamos fantasia. Mas, antes, impõe-se uma pergunta: por que, dirão vocês, privilegiar assim o objeto *a*? Estamos essencialmente interessados no objeto *a* para tentar delimitar a função radical do psicanalista numa análise. Minha preocupação é mostrar o valor da proposição de Lacan, quando ele situa o analista no lugar do objeto *a* na experiência da análise, e, correlativamente, deixar bem claro o que especifica a relação analítica em comparação com qualquer outra relação transferencial. Digamos, desde já, que a característica da experiência analítica reside na posição singular do analista como objeto *a*.

A especificidade da análise

De fato, existem, não um, mas dois traços específicos que caracterizam a análise e a destacam dos outros vínculos sociais. O primeiro, como acabo de dizer, é o papel particular do psicanalista, e o segundo é a fala particular do analisando. Cada um desses traços corresponde aos dois pilares fundamentais da psicanálise, o inconsciente e o gozo: a fala do analisando, que decorre do inconsciente, e o papel do analista, que decorre do gozo.

Vejamos, em primeiro lugar, qual é essa particularidade da fala analisanda que especifica a análise em comparação com as outras relações transferenciais. Para isso, vamos imaginar um fiel que se confesse a um padre, e perguntemo-nos que diferença existe entre uma fala dirigida ao confessor e uma fala dirigida ao analista. Fornecerei, acompanhando Freud, a seguinte resposta: o fiel no confessionário confessa ao padre tudo aquilo que sabe, ao passo que o paciente confia a seu psicanalista tudo aquilo que sabe, bem como *tudo o que não sabe*. Estou pensando, aqui, numa analisanda que, exatamente com estas palavras, anunciou a seu analista: "Existe tudo o que eu sei e que espero poder dizer-lhe; e além disso, tudo o que não sei e que virá a se dizer." De fato, a especificidade de uma análise reside, convém lembrarmos, no evento de um dito que é enunciado pelo paciente *sem ele saber* o que diz. Esse evento, como já sublinhamos, põe em prática o inconsciente. Ora, para que se produza tal acontecimento significante, sem dúvida terá sido necessária a premissa incontornável de uma escuta. De uma escuta à espera do acontecimento e da fala do analisando que supõe essa escuta.

Embora me pareça esclarecedora, essa resposta continua, no entanto, insuficiente. Existe ainda um segundo traço essencial que particulariza a relação analítica e a distingue de qualquer outra ligação transferencial, estabelecida com um padre, um professor ou um líder. Esse traço provém do gozo e consiste, precisamente, no modo de ação do psicanalista e no lugar particular de objeto *a* que lhe deve caber, a fim de que ele escute com uma escuta geradora de acontecimentos. Eu me explico. O psicanalista não é um parceiro que me dirige como um líder, que me ensina como um professor, ou que me confessa como um padre, mas um outro, decididamente singular, que, à medida que se vai desenrolando a análise, se torna parte integrante de minha vida psíquica. Paradoxalmente, a relação analítica deixa progressivamente de ser uma relação entre duas pessoas, para se tornar um único lugar psíquico que inclui, conjuntamente, analista e analisando, ou, melhor ainda, o lugar do entre-dois que encerra e absorve os dois parceiros analíticos. Por isso, a análise é um único lugar que contém a vida psíquica do analista e do analisando.

O analista, semblante do objeto a

Ora, nesse lugar único, nessa espécie de aparelho psíquico único em que se transforma a relação entre duas pessoas, o papel do analista pode ser compreendido como o da pulsão no funcionamento mental. Em outras palavras, uma vez admitindo-se que a ligação entre analista e analisando se organiza como um imenso e único aparelho psíquico, o lugar do psicanalista corresponderia, pois, ao lugar reservado ao objeto da pulsão. Assim, Freud teria identificado o papel do psicanalista com o do objeto da pulsão a serviço do isso, termo que designa, justamente, o reservatório pulsional.[1] Quanto a Lacan, ele delimita com mais precisão esse território pulsional, distinguindo os três tipos de gozo que conhecemos: o gozo do Outro, o gozo fálico e o mais-gozar. Pois bem, o psicanalista, ou melhor, a função analítica corresponde, dentre essas categorias, à do mais-gozar, ou, para retomarmos os termos desta aula, à de objeto *a*. Evidentemente, tão logo o analista ocupa esse lugar do objeto, ele adota, necessariamente, uma escuta característica. Refiro-me, por exemplo, a uma certa maneira do psicanalista de ficar em silêncio em momentos muito particulares da análise. Não é um silêncio qualquer, mas um silêncio compacto, que

Silenciar é permanecer em consonância com o silêncio do gozo

1. Para ilustrar os artifícios do eu para seduzir o isso, Freud, curiosamente, toma o exemplo do comportamento do psicanalista numa análise. Estabelece um surpreendente paralelo entre o analista e o eu, ambos perante o isso; o primeiro, para garantir a transferência, e o segundo, para assegurar a mediação entre o mundo externo e o isso. Eis o que ele escreveu: "O eu comporta-se como o analista num tratamento analítico, oferecendo-se ao isso como um objeto libidinal e tentando desviar a libido dele para si. Ele [o eu ou o analista] é não apenas um auxiliar do isso, mas também seu criado obsequioso, que pleiteia o amor de seu amo; (...) com demasiada frequência, fica sujeito à tentação de se tornar complacente, oportunista e mentiroso, mais ou menos como um político que tem uma visão clara, mas quer conquistar as boas graças da opinião pública." (*Le moi et le ça*, Paris, Payot, 1981, p. 272 [*O ego e o id*, Edição Standard Brasileira das Obras Psicológicas Completas de Sigmund Freud, vol. XIX, Rio, Imago, 1ª ed.)

evoca a densidade do mais-gozar, um silêncio dinamizador que causa e reativa o inconsciente. Aqui encontramos a própria função do furo que assegura a mobilidade da estrutura. Essa forma de silêncio, assim como outros comportamentos do clínico, atestam que ele está na posição de objeto *a*. Poderíamos ter formulado essa mesma ideia empregando a expressão *semblante de objeto* a, e afirmando que existe análise quando uma dada conduta do analista é um semblante de *a*, isto é, quando, através de seu comportamento, ele representa o gozo (o mais-gozar) na análise. Indo mais longe, deveríamos até dizer que, numa análise, o analista representa a energia orificial, o fluxo de gozo permanente que trilha a borda dos orifícios erógenos. Em síntese, o analista, na posição de *a*, representa a energia que faz o inconsciente trabalhar, ou, se preferirmos, o heterogêneo que causa e faz com que o conjunto tenha consistência.

*

Em suma, se tivéssemos que resumir o traço que especifica a análise, comparada a qualquer outra relação transferencial, diríamos que, do ponto de vista do analisando, a característica da análise reside no fato de que o sujeito é superado pelo significante que ele produz — o que decorre do inconsciente — e, do ponto de vista do clínico, reside no fato de que o psicanalista adota a posição de semblante do objeto *a* na análise — o que decorre do gozo.

*

* *

Passemos agora à questão da fantasia, termo que mencionamos todas as vezes que nos referimos à identificação do sujeito com o objeto *a*. Mas, antes de destacarmos a importância *clínica* das formações fantasísticas e o mecanismo de sua gênese, recordemos, rapidamente, nossas colocações da última lição. Para que uma dada parte do corpo assuma a condição de objeto do desejo, havíamos estabelecido as três condições do desligamento objetal (pregnância imaginária, bordas erógenas e demanda dupla) e mostrado, em seguida, como se criava o objeto do desejo como objeto alucinado. É aí, no próprio fato da alucinação, que se produz o mecanismo formador de qualquer fantasia: o sujeito torna-se objeto.

*

Para encontrar o objeto a *na análise, ...*

Antes de esclarecermos a lógica que subjaz à fantasia, eu gostaria de formular uma pergunta: como se apresenta, concretamente, uma fantasia na clínica? Suponhamos que um psicanalista, durante uma sessão de supervisão, me consulte: "Gostaria que o senhor me indicasse, no relato de meu paciente, onde identificar o objeto *a*." Em princípio, eu deveria responder: "Já que o objeto *a* representa um valor abstrato e formal, designado por uma letra, ele é forçosamente inapreensível e, por conseguinte, não me seria possível indicá-lo a você." Mas a resposta correta seria outra: "Se você quiser reconhecer o objeto *a* numa dada sequência de análise, comece por buscar a fantasia. Pergunte a si mesmo qual é a fantasia de seu paciente nessa fase da análise, e você terá delimitado o lugar do objeto *a*." É que, além de seu estatuto formal, o objeto *a* encontra sua expressão clínica, essencialmente, na fantasia. Entretanto, essa ainda não é uma boa resposta. Para responder adequadamente, seria preciso qualificar a fantasia de inconsciente. Para Freud, a fantasia tanto era consciente quanto inconsciente, à maneira de uma formação psíquica em constante movimento. Ele a chamava de "preto-branco", para mostrar que a fantasia muda ininterruptamente de registro, num vaivém entre o consciente e o inconsciente. Ora, podemos constatar que, em geral, a fantasia permanece inconsciente.

... procure a fantasia inconsciente

Se retomarmos a interrogação de nosso analista em supervisão, a boa resposta seria, finalmente: "Para reconhecer o objeto *a* numa sessão de análise, comece por reconhecer a fantasia inconsciente." "Mas", dirão vocês, "como detectar concretamente a fantasia inconsciente numa análise? Quais são os indícios que permitem ao clínico reconhecer uma fantasia inconsciente?" E vocês teriam razão em se referir a referenciais, não apenas para reconhecer a fantasia inconsciente, mas também para reconstruí-la. Entretanto, antes de pontuar os indícios da presença da fantasia numa análise, eu gostaria de lembrar-lhes que, dentro desse termo geral, fantasia, se alinham diferentes tipos de produções fantasísticas, dentre elas as fantasias originárias, outras mais circunstanciais, ligadas a determinada fase da análise, e, acima de tudo, algo que raramente é mencionado como fantasia: a própria transferência.

Como reconhecer uma fantasia inconsciente na análise?

Sendo assim, como reconhecer a expressão de uma fantasia inconsciente na análise e, ao reconhecê-la, reconstruí-la? Para lhes responder, proponho-lhes os seguintes referenciais:

- A fantasia comporta: uma cena, personagens — em geral, pouco numerosos —, uma ação, um afeto predominante e a presença, na cena, de uma parte definida do corpo.
- A fantasia se exprime, não somente através do relato do analisando, mas, por vezes, em suas ações, seus sonhos e seus devaneios.
- A fantasia exprime-se através de um relato ou de um ato que se repete e que, em geral, permanece inesquecível. Ele se repete no contexto de uma sessão, de várias sessões de análise, ou até ao longo da vida do sujeito.
- Trata-se de um roteiro que o analisando detalha minuciosamente, mas que considera *enigmático*. Ele descreve todos os seus aspectos, sabe estar intimamente implicado e até reconhece a emoção que essa fantasia desperta nele. Sua fantasia, vez por outra, é o estímulo necessário, o desencadeador que permite obter o prazer de um orgasmo. A despeito de sua implicação, o sujeito vive a fantasia como um elemento enxertado, que se impõe a ele e se repete independentemente de sua vontade.
- Trata-se de um relato que retrata uma *cena*, imaginada com seus locais, suas cores, sua época, sua luz e seus sons.
- Convém discernir os *personagens* da cena em que se desenrola a ação: adulto-criança, criança-animais, terapeuta-criança etc., e perguntar ao analisando se ele se encontra presente, e qual é seu papel: o de protagonista ou espectador da ação.

• Convém também situar a *ação* principal que se desenrola, destacando, acima de tudo, o *verbo* que o analisando emprega em seu relato para descrever essa ação. A fantasia é sempre encoberta por uma frase organizada em torno de um verbo fácil de identificar no relato do paciente. Por exemplo, o termo verbal "espancado" na célebre fantasia em que "uma criança é *espancada*", ou o verbo "morder" em "a criança foi *mordida* pelo cachorro" etc. Observe-se, desde já, que, do ponto de vista formal, o verbo da frase que designa a ação fantasística materializa o significante que já identificamos como sendo a borda dos orifícios erógenos, assim como o traçado do corte da dupla demanda. O verbo da frase da fantasia representa, de fato, o corte entre o sujeito e o objeto, é o significante separador e reunidor do sujeito e do objeto.

• Convém ainda destacar o *afeto*, ou seja, a emoção ou a tensão que predomina na ação principal e que atravessa os personagens. De que afeto a ação está carregada? Vamos deixar claro, desde logo, que esse afeto não é equivalente ao gozo (mais-gozar), que, em geral, não é sentido, ainda que seja o motor inconsciente da ação fantasística. Quanto a esse aspecto, não confundamos três planos diferentes em que o sujeito é afetado: uma coisa é o mais-gozar que causa inconscientemente a fantasia; outra é o afeto ou a emoção vivenciados pelos personagens e que domina a cena fantasística; e outra coisa, ainda, é o prazer ou a dor que o próprio aparecimento da fantasia provoca na pessoa do analisando.

• Para identificar o gozo inconsciente que está em jogo na ação — diferente do afeto sentido pelo protagonista —, é preciso considerar, então, que *parte delimitada do corpo* intervém na ação. Esse gozo tem o estatuto do objeto *a*. Mais adiante, reencontraremos o lugar desse objeto, ao abordarmos a lógica da fantasia centrada na identificação do sujeito com o objeto.

• A trama da ação desenrola-se como um *roteiro perverso*. Mas, em vez de um enredo que se tece e se desenlaça, trata-se de um quadro vivo, de uma suspensão numa imagem em que a ação se limita a alguns gestos de natureza perversa. Observe-se que a perversidade contida na fantasia não é assemelhável à perversão, considerada como entidade clínica.

• O aparecimento da fantasia e seu conteúdo perverso são vividos pelo analisando como uma prática vergonhosa, que convém manter em segredo. É por essa razão que as fantasias, em geral, só são relatadas muito tardiamente no curso da análise.

*

Em síntese, os indícios que permitem discernir uma fantasia inconsciente num dado momento da análise são: a repetição do relato; o caráter enigmático e surpreendente do roteiro que se impõe ao sujeito; os personagens da cena; a ação exibida; o afeto dominante; a parte do corpo implicada e, por fim, o roteiro perverso.

*

* *

É que esses objetos, (...) o seio, o excremento, o falo, o sujeito os ganha ou os perde, sem dúvida, é destruído por eles ou os preserva, mas, acima de tudo, ele é esses objetos, conforme o lugar em que eles funcionem em sua fantasia fundamental (...)

J. Lacan

A lógica da fantasia

Passemos, agora, à lógica subjacente à fantasia, e tentemos responder à pergunta: quais são a estrutura, o mecanismo e a função de uma fantasia inconsciente no decorrer de um processo analítico?

Observemos, em primeiro lugar, que a matriz formal de uma fantasia é composta, essencialmente, de quatro elementos: um sujeito, um objeto, um significante e imagens. O conjunto desses elementos é ordenado, como dissemos, segundo um roteiro preciso, em geral perverso, e se exprime através de uma frase do relato do paciente.

O mecanismo principal que organiza a estrutura fantasística é a identificação do sujeito transformado em objeto. Se retomarmos nosso comentário sobre a passagem em que Freud fala da criança e do seio, situaremos a fantasia no terceiro momento, aquele em que Freud nos diz que a criança, tendo perdido o seio, torna-se o próprio seio. Dizer que a criança não apenas perde o seio, mas transforma-se nele, ou que o *voyeur*, por exemplo, não apenas olha, mas transforma-se em olhar, é o melhor meio de compreender o que significa a fantasia. Note-se que a distinção entre o momento de separação do objeto e o momento da identificação do sujeito com o objeto é uma distinção puramente teórica. Na prática, devemos reconhecer que a queda do objeto produz-se no mesmo movimento da identificação do sujeito com o objeto do desejo. De fato, não há perda verdadeira sem que o sujeito se identifique com aquilo que perde. Do ponto de vista psicanalítico, somos, na fantasia, aquilo que perdemos.

Na fantasia, somos aquilo que perdemos

Se retomarmos o exemplo do trajeto da dupla demanda oral (figura 6), que, à maneira de um corte, destaca o seio, encontraremos três tempos. Inicialmente, o primeiro circuito, da demanda da criança à mãe: "Estou com fome." Depois, o segundo circuito, da demanda da mãe ao filho: "Deixe-se alimentar, meu filho." E, por último, um terceiro tempo: o da identificação. Uma vez que o seio seja separado e instituído como objeto do desejo, o sujeito identifica-se com ele. Nesse ponto, a fantasia está constituída. O sujeito torna-se objeto oral, ou melhor, a criança torna-se o seio, que agora se oferece à devoração do Outro. A frase desse terceiro tempo passa a ser: "Comame, mamãe." A identificação do sujeito com o seio constitui, pois, a chave da fantasia oral canibalesca. Evidentemente, essa fantasia oral, como todas as outras variações da fantasia, anal, sado-masoquista etc., interessa-nos para compreendermos não apenas a relação mãe/filho, mas, principalmente, a dinâmica da transferência, considerada como a própria dinâmica da fantasia. Quantas vezes vemos surgir no analisando essa fantasia de ser devorado por seu analista, ou de devorá-lo!

A dinâmica da transferência é a dinâmica da fantasia

Lembro-me também de um paciente adulto que confiou a seu analista: "Tenho que lhe dizer isso, não é fácil, mas o que eu quero, há algum tempo, é ter você dentro de mim, devorá-lo." Talvez a fantasia do "eu gostaria de devorá-lo" pudesse ser interpretada como uma fixação desse paciente na fase oral. Pois bem, essa maneira de abordar o problema não nos faria avançar. Ao contrário, se voltássemos à situação do analista em supervisão, comunicando-me uma fala semelhante de seu analisando — "Eu gostaria de devorá-lo" —, eu lhe teria retrucado: "O senhor me perguntou onde identificar o objeto *a* na análise, não foi? Pois bem, o objeto *a* na análise está no centro da fantasia de devoração e assume, aqui, o nome de seio."

S ♦ a: o sujeito desaparece atrás do objeto

Esse momento em que o sujeito se funde com o objeto separado, dando à fantasia sua armadura, é formalizado por Lacan com a notação S◆*a*. Afirmar que o sujeito *é* o objeto significa que o agente da fantasia, isto é, o elemento organizador da estrutura fantasística não é a própria pessoa da criança ou do analisando. A fantasia não é obra de alguém, mas resultado, ao mesmo tempo, da ação do objeto e do corte do significante. O objeto *a* é a causa motora da fantasia, e o significante (representado pelo ◆) é sua causa eficiente. Em outras palavras, o motor da fantasia é um núcleo de gozo ao redor do qual se organiza a encenação fantasística. Digamos isso de mais outra maneira: quando um analisando deixa transparecer, através de seu relato ou de seus atos, a estrutura de uma fantasia, não hesitamos em concluir que o sujeito dessa fantasia não é ele, o paciente, e sim o objeto do desejo e o significante (verbo) que marca o lugar desse objeto.

Por isso, podemos afirmar que a fantasia é uma maneira de gozar, é a estrutura erigida em torno do mais-gozar. O paciente que confidencia a seu analista que "eu o comeria" é um ser habitado por uma fantasia oral. Ou seja, seu gozo local traz o nome de seio, e o sujeito dessa experiência fantasística é, ao mesmo tempo, gozo e significante que marca o gozo. O sujeito em questão é o sujeito do inconsciente, isto é, o sujeito que é efeito da experiência inconsciente de produzir essa fantasia, e não a pessoa que entrega seus sentimentos. Obviamente, a estrutura da fantasia S ◆*a*, conjunção/disjunção entre o sujeito do inconsciente e o objeto *a*, é uma matriz formal que podemos animar, atribuindo a cada um desses dois lugares alternantes um ou outro dos dois parceiros analíticos. Por conseguinte, quando o analisando enuncia "eu o comeria", o objeto *a* do desejo, o seio, está representado, nessa circunstância, pelo analista. O analista encontra-se no lugar do gozo local dominante. Inversamente, é possível que seja o analisando a desempenhar o papel de objeto devorado pelo analista. Lembremos que Lacan elaborou particularmente a articulação lógica dos termos da fantasia no contexto da topologia, utilizando a superfície topológica chamada de plano projetivo ou *cross-cap*.[2] Esse objeto topológico presta-se admiravelmente bem para mostrar como os dois termos, sujeito do inconsciente (S) e objeto (*a*), ligam-se e se separam, conjugam-se e se disjungem por intermédio de um significante que exerce a função de corte. Lembremos que reconhecemos clinicamente esse significante sob a forma concreta da frase que expressa uma fantasia e, muito particularmente, através do verbo que indica a ação.

*

* *

Que relação existe entre a alucinação e a fantasia?

As formações do objeto a

Freud nunca distinguiu nitidamente as estruturas do sonho, da fantasia e da alucinação. Reconheceu não poder realmente diferenciar essas três formações psíquicas. Agrupou-as sob a denominação de "psicoses alucinatórias de desejo". Para mim, essa denominação é extremamente interessante, pois, graças a ela, Freud rompeu com a falsa intuição de relegar a psicose a um mundo à parte. Essa bela expressão, "psicose do desejo", coloca-nos num

2. O leitor desejoso de aprofundar essa questão poderá reportar-se a meu texto "Penser l'objet *a* avec le cross-cap", *in Les yeux de Laure. Le concept d'objet* a *dans la théorie de J. Lacan, op. cit.*, pp. 193-216.

setor indeterminado em que, diante de um sonho, uma alucinação ou uma fantasia, a psicose continua presente. Essas produções psíquicas — fantasia, alucinação e sonho — batizei-as de "*formações do objeto* a", em ressonância com a expressão lacaniana "formações do inconsciente". Por que chamá-las formações do objeto *a*? Tentei agrupar numa mesma denominação produções psíquicas diferentes, mas formadas de acordo com um mecanismo comum: o sujeito faz-se o objeto que perdeu.

O objeto a, *como objeto do desejo na fantasia, assume diferentes formas corporais. Qual é, então, essa noção mais geral de corpo que está subjacente a essa visão do objeto?*

Síntese de concepções do objeto a

Para começar, num primeiro tempo, eu gostaria de situar as diferentes abordagens do objeto *a*. No fundo, o objeto *a* pode ser encarado, do ponto de vista formal, como o *furo* na estrutura — sendo a constelação dos conceitos irmãos o *Um* e o todo. O objeto também pode ser contemplado, do ponto de vista energético, como o *mais-gozar* — sendo a constelação dos conceitos irmãos as duas outras categorias do gozo e do inconsciente estruturado como uma linguagem. Ainda se pode considerá-lo, do ponto de vista de seu estatuto de objeto do desejo, núcleo da fantasia, como sendo um leque de *formas corporais* (seio, dor etc.) — sendo a constelação dos conceitos a necessidade, a demanda, o desejo e a fantasia. E, por fim, do ponto de vista da prática, o objeto pode ser visto como o *lugar motor da análise*, ocupado pelo analista — sendo a constelação dos conceitos irmãos o semblante e a interpretação.

*

Passemos, agora, a sua pergunta sobre o corpo em geral. Que é o corpo para a psicanálise? O corpo, para o psicanalista, não é o corpo do anatomista, do fisiologista ou do biólogo, nem tampouco o do filósofo. Para o psicanalista, o corpo é, segundo Lacan, o lugar do gozo. Estaremos com isso rejeitando a concepção biológica ou

O corpo é o lugar do gozo

filosófica do corpo? Não. Seremos desconhecedores, por exemplo, do fato de que existem alterações bioquímicas na psicose maníaco-depressiva? Não, mas nossas preocupações não estão aí. Nossas questões são inteiramente diversas. Quando tenho diante de mim um paciente maníaco-depressivo, por exemplo, minha interrogação diz respeito à relação que sua psicose mantém com a dor, com o luto, ou ainda, com a perda. Como é que ele trata sua doença — "tratar", no sentido de sentir seu próprio sofrimento, de escutar as vozes do supereu e as autorrecriminações que ele dirige a si mesmo? Seja qual for o substrato orgânico de uma doença mental, impõe-se como algo incontornável a dimensão simbólica em que o paciente explica seus sofrimentos e produz seus sonhos. O sonho, com seu simbolismo, continua sempre como um apelo que pressiona por ser entendido, mesmo que um dia se venha a descobrir a origem química da vida onírica. Não, o corpo que nos interessa não é o da ciência, mas o lugar em que gozamos, o espaço em que circula uma multiplicidade de fluxos de gozos.

Portanto, nossa pergunta não pode ser aquela, demasiadamente geral: "Que é o corpo?", e sim: "Como é que se goza?" A pergunta do psicanalista seria: "Como sofre meu analisando?", "Como se satisfaz?" e, mais diretamente, "Onde está o gozo?". Formular dessa maneira a questão do corpo já mostra minha implicação na transferência, e, inversamente, minha postura analítica será definida conforme a maneira de interrogar o corpo como lugar de gozo. E isso sem excluir, por outro lado, a hipótese de que, ocasionalmente, eu seja levado a me interessar pelos distúrbios somáticos que possam eventualmente apresentar-se no correr da vida de um paciente. Não é por sermos psicanalistas que desprezamos os acidentes corporais de que eventualmente sofrem nossos pacientes.

À pergunta "Onde está o gozo?", eu responderia que um dos melhores exemplos do corpo que goza seria o corpo exposto à experiência máxima de uma dor intensa. Vamo-nos entender: o gozo não é o prazer, mas o estado que fica além do prazer; ou, para retomarmos os termos de Freud, ele é uma tensão, uma tensão excessiva, um máximo de tensão, ao passo que, inversamente, o prazer é um rebaixamento das tensões. Se o prazer consiste mais em não perder, não perder nada e despender o mínimo possível, o gozo, ao contrário, alinha-se do lado da perda e do dispêndio, do esgotamento do corpo levado ao paroxismo de seu esforço. É aí que o corpo aparece como substrato do gozo. É precisamente nesse estado de um corpo que se consome que a teoria analítica concebe o gozar do corpo.

Os olhos do voyeur

Tomemos o caso do *voyeur* que, dissimulado atrás das árvores, espreita em plena noite os casais abraçados e, assim, goza com o olhar. Como verdadeiro *voyeur*, ele não apenas goza com os olhos, mas também faz o necessário para que o casal se aperceba de sua presença e, indignado, cubra-o de insultos e lhe atire pedras. Esse aspecto é fundamental. Só existem *voyeurs* masoquistas. O intruso olha e, ao mesmo tempo, espera ser desmascarado e gozar tanto com o olhar quanto com a dor da humilhação. Sem a presença dessa humilhação, que, em geral, pontua o fiasco do roteiro perverso, podemos ter certeza de que o sujeito não pode ser qualificado de perverso. Seria, antes, um neurótico brincando de ser perverso.

A esse respeito, eu gostaria de desfazer um mal-entendido muito tenaz, que identifica o perverso com o neurótico que brinca com uma fantasia de conteúdo perverso. Acontece que, de fato, todos os neuróticos sonham e fantasiam ser perversos, sem jamais chegar a sê-lo. Se o neurótico vive das fantasias perversas, o perverso, por sua vez, põe em ato essas fantasias, concretamente, mas sem poder realizá-las. Se um sonha, o outro põe o sonho em ação até fracassar. O perverso é, portanto, aquele que põe em prática, até o fracasso humilhante, a fantasia perversa do neurótico. Com o fiasco e a humilhação, o perverso se angustia, deprime-se e se sente ridículo, o maior idiota do mundo. Sem dúvida, há nos comportamentos perversos algo de dolorosamente cômico. Se o neurótico faz sorrir por brincar, impotente, de ser perverso, o perverso também se presta ao riso quando vemos desmoronar, como um castelo de cartas, toda a operação que ele instaurou cuidadosamente. É aí que ele goza, por

O neurótico sonha ser perverso

ser rebaixado de maneira aviltante, e encontra sua satisfação na dor masoquista.

Mas, então, onde localizar o gozo perverso? Quando o *voyeur* goza com o olhar (mais-gozar) ou sofre a humilhação (mais-gozar), seu corpo está em tensão máxima e se consome até perder tudo. Ele perde a visão e todas as sensações orgânicas, como se seu corpo estivesse ausente. Quando olha, perde a visão, e, quando suporta o fracasso mortificante, perde a sensibilidade cinestésica de seu corpo. Quando propusemos a fórmula "o corte produz um desligamento", estávamos pensando nesse exemplo da perversão, na qual o corpo atravessa, no nível dos olhos e dos músculos, a experiência máxima do gozar. Que o corpo "goza" equivale a dizer que o corpo "perde". Observemos que a zona erógena relacionada com o olhar são as pálpebras, e que a relacionada com a dor é o conjunto das sensações corporais e, em particular, musculares.

O perverso persegue o gozo do Outro

Note-se, por outro lado, que nosso exemplo presta-se perfeitamente bem para ilustrar também a categoria do gozo que é o gozo do Outro. O gozo desmedido é encarnado, nesse mesmo exemplo do *voyeur*, pelo gozo absoluto que o perverso quer captar na imagem do par surpreendido ao fazer amor. Para o perverso, o Outro que goza é o casal enlaçado num êxtase delicioso. A esse propósito, justamente, a diferença entre o neurótico e o perverso não está, simplesmente, em que um sonhe gozar e o outro ponha em prática o gozo (mais-gozar), mas, acima de tudo, em que aquele (o neurótico) supõe o gozo do Outro como um gozo impossível, ao passo que este (o perverso) o toma por realizável. O neurótico imagina o gozo do Outro e o supõe vagamente, de acordo com diversas imagens, tais como a morte, a felicidade suprema ou a loucura. Já o perverso é diferente, não imagina o gozo, mas busca-o, persegue-o e julga ser possível captá-lo. Quando espreita atrás de uma árvore, o *voyeur* quer captar o êxtase dos amantes, sem, no entanto, ter nenhuma imagem prévia na cabeça.

*

Compreendemos, portanto, como o corpo, para o analista, reduz-se fundamentalmente a gozos parciais —

em nosso exemplo, o olhar ou a dor masoquista —, polarizados em torno de suas zonas erógenas — as pálpebras e os músculos. É justamente por isso que as perguntas que o psicanalista se formula diante do corpo são: "Qual é a relação do corpo com o gozo?", ou então: "Como goza o corpo?", ou, mais exatamente, "Que parte do corpo goza?". Essas perguntas me fazem lembrar uma história pessoal, numa época em que eu já estava elaborando esse tema do gozo. Eu havia chegado à conclusão de que a questão do analista deveria formular-se como: "Onde, pois, num corpo, identificar o gozo?"

Onde identificar, num corpo, o gozo?

Nessa época, eu havia assistido com um amigo, também psicanalista, a um balé magnífico, *L'Après-midi d' un faune* [*O entardecer de um fauno*], interpretado por um notável par de bailarinos italianos, Paolo Bortoluzzi e Carla Fracci. Durante uma sequência de intensa beleza, Bortoluzzi segurou-se na barra e, num lento batimento pendular, elevou o pé esquerdo para a frente e para trás, mal tocando o chão. Na simplicidade desse movimento, tive a impressão de que o bailarino atingia a plenitude de sua arte. A perna parecia traçar, com a ponta do pé, uma escrita deslumbrante de leveza. Essa imagem me apareceu como o momento culminante do balé. Ao sair do teatro, propus a esse amigo que nos entregássemos à brincadeira de nos perguntarmos, como analistas, onde, naquele espetáculo, teria havido gozo. Nossa primeira reação foi dizer a nós mesmos que o gozo estivera, sem sombra de dúvida, no olhar dos espectadores, a começar por nós mesmos. Por outro lado, seria preciso discutir se o fascínio dos espectadores pertencia à dimensão do ver ou do olhar, do prazer da visão ou do gozo de olhar. A esse respeito, observe-se que o *voyeur* perverso, de quem acabei de falar, olha mas não vê. Eu não saberia dizer se nós, espectadores, estávamos sob o efeito do prazer ou do gozo, se víamos ou olhávamos, mas, de qualquer modo, nossa interrogação continuava insistente: "Onde situar o gozo nesse espetáculo de balé?" Se não o havíamos encontrado nos espectadores, então, ele deveria emanar do corpo dos próprios dançarinos. Mas, sob que aspecto do corpo? Despedimo-nos sem nenhuma resposta, mas, ao chegar em casa, surpreendi-me novamente retomando

... no pé do bailarino

a questão. Finalmente, surgiu-me uma observação que escrevi nessa mesma noite, numa carta endereçada a esse amigo. Creio, disse-lhe eu, ter encontrado o lugar do gozo no balé: é, curiosamente, o pé de Bortoluzzi. Por que o pé? Por duas razões. Primeiro, porque, durante a sequência a meu ver culminante, o pé do bailarino concentrava toda a tensão do corpo em equilíbrio. E segundo, porque Bortoluzzi havia trabalhado seu corpo a tal ponto, e se servira dele de tal maneira, tanta vida havia passado por aquele fragmento de corpo — imaginem a disciplina e o rigor desse homem, que, além do mais, já era um artista consagrado —, que não hesitei em escrever que Bortoluzzi havia perdido esse pé, que, do ponto de vista do gozo, separava-se dele ininterruptamente. O pé havia-se transformado no lugar do corpo que realmente já não pertencia ao bailarino.

Interrogar-me sobre a localização do gozo num espetáculo de dança me foi muito útil para compreender o que significa perder quando se viveu. A perda, em nosso exemplo, não se situa no nível primário da relação lactente-mãe, mas numa ordem relativa à sublimação e à arte. Para compreender o gozo, servimo-nos, aqui, da mesma "aparelhagem" conceitual, mas num outro nível. O corte significante é representado, em nosso exemplo, não pela demanda, mas pela disciplina do corpo do dançarino, pela flexibilidade extrema, pelas mil e uma vezes em que esse corpo teve que se forçar para alcançar o ponto exato e harmonioso em que o pé roça o chão com arte. Vocês hão de observar, graças a esse exemplo do dançarino, que a incidência significante no corpo não assume, necessariamente, a forma de uma fala enunciada ou de uma demanda formulada. A incidência significante é representada, aqui, pela disciplina a que tem que se submeter o corpo do artista. A repetição significante são as horas incontáveis, os dias passados e o trabalho incessante que produziram a perda do pé do dançarino.

*

Nossas colocações nos levam à seguinte conclusão: a pergunta adequada não seria "Quem goza?", mas: "Que

Do gozo, o sujeito está excluído

coisa goza em nós, que parte do corpo goza?" Uma vez tendo chegado a essa ideia — o corpo é o lugar do gozo —, formulemo-nos agora a pergunta: "O sujeito se apercebe de que goza?" À semelhança do inconsciente, que faz o sujeito falar sem saber, o gozo o revira sem que ele perceba onde é tocado. Há um sofrimento do corpo, típico de um bailarino como Bortoluzzi, que ele não pode medir bem, e que se condensa nesse gesto sublime do movimento do pé. Continuamos podendo reconhecer a sensação de prazer, mas não a medida daquilo que é perdido. Nunca poderemos reconhecer nem medir o grau da provação a que o corpo é submetido. Ou seja, podemos sentir o prazer, mas não medir o gozo. E isso nos permite lembrar uma proposição da primeira aula: do gozo, o sujeito está excluído.

*

Ainda a propósito do gozo, como poderíamos pensar o gozo no suicídio?

Que tipo de suicídio? Porque há vários tipos de suicídio: o suicídio histérico, o melancólico, o esquizofrênico, ou outros mais. O sujeito melancólico, por exemplo, mata-se de maneira totalmente diferente do histérico. Em geral, o suicídio de um histérico não é um ato, mas uma ação que ultrapassa a intenção do sujeito, como se ele tivesse ido longe demais, mais longe do que pretendia. Um suicídio-ato, ao contrário, é um suicídio em que o sujeito dá o passo e efetivamente transpõe o limiar do gozo-Outro. Ele pratica um ato e atravessa a última fronteira. Mas, desfaçamos esse engano, nem todo suicídio é um salto que transpõe um limite. O lugar do gozo seria distinto, conforme as variações clínicas da ação suicida. Foi por essa razão que lhe perguntei: que tipo de suicídio?

Aquele que o senhor considera um ato.

O ato suicida

Primeiro, vamos lembrar que, para saber com que espécie de suicídio estamos lidando, convém examinarmos o modo particular que conduziu à morte. É a partir da maneira de matar-se, por enforcamento, por arma branca, por arma de fogo ou por intoxicação etc., que podemos reconhecer, *a posteriori*, o tipo de sofrimento que convidou à morte. Entretanto, nunca poderemos dar um sentido exato a um ato tão radical quanto o suicídio. Para responder a sua pergunta, a única afirmação que nos arriscaríamos a fazer é que o suicídio de um escritor como Mishima, ou Montherlant, por exemplo, foi um ato mediante o qual eles transpuseram a fronteira de um gozo desmedido. Eles tocaram o limite de um gozo diferente do que está localizado em partes, nos olhares, no seio, na dor etc. Quando se trata do suicídio-ato, já não estamos na dimensão do local e do limitado, mas numa dimensão radicalmente incomensurável. Sendo assim, eu gostaria que vocês tomassem esses comentários, simplesmente, como uma abordagem possível do fenômeno do suicídio. A radicalidade do ato suicida sempre impõe uma extrema reserva a nossas reflexões. O caso do suicídio-ato é apenas um exemplo do confronto do sujeito com o gozo-Outro, um exemplo entre outros, que mostra o sujeito abrindo a porta desse lugar de que estamos obrigatoriamente exilados. O êxtase do místico é mais uma imagem da ultrapassagem do limiar do gozo-Outro, de um gozar que implica o corpo inteiro, num suposto encontro divino com Deus.

*

Lembrem-se de nossas reflexões da primeira aula. A denominação mais correta para situar a instância do gozo-Outro consiste em designá-lo como o lugar onde não existe significante. É uma definição pela negativa. Se quisermos avançar em nossa elaboração analítica, convém pensarmos nesse lugar como um lugar sem nome, como o lugar do sexo. Que sexo? Quando dizemos "sexo", não nos referimos ao sexo genital. Não, estamos falando da capacidade máxima do corpo de gozar. Em outras palavras, a psicanálise define a instância primordial do gozo-Outro como sendo o lugar de um sexo inominável, de um sexo que não poderíamos qualificar de feminino ou masculino. Interessamo-nos pelo corpo enquanto gozo e, no entanto, ignoramos em que consiste, precisamente, a diferença entre o gozo da mulher e o do homem. É exatamente esse o sentido da fórmula "Não existe relação sexual". Sim, pensamos que o corpo só nos interessa como lugar de gozo, mas, quando se trata de saber o que é o gozo, o que significa um corpo levado ao extremo de sua capacidade de gozar — o gozo do místico, por exemplo, ou o inerente ao suicídio como ato —, então, reconhecemos a existência do gozo, mas não sabemos definir sua natureza. Ora, se a psicanálise reconhece o insondável do gozo, nem por isso ela se limita a uma simples confissão de impotência. Se a psicanálise se limitasse simplesmente a declarar que "O gozo é um mistério", ela não passaria de uma mística fascinada pelo abismo. O trabalho da teoria não consiste apenas em declarar que "Aqui existe o real desconhecido", mas em tentar delimitar, ou melhor, escrever os limites do real. A fórmula de Lacan, "Não existe relação sexual", é justamente uma tentativa de abarcar o real, de delimitar a falta do significante do sexo no inconsciente. "Não existe relação sexual" significa que, em nosso inconsciente, não há significantes sexuais articulados entre si, ligados por uma relação. Aqui, lembremo-nos mais uma vez de Lacan: "Daí minha enunciação: não existe relação sexual, subentenda-se, *formulável* na estrutura."[3]

Quando a análise propõe como axioma que a relação sexual não existe, isso não quer dizer que ignoremos o encontro amoroso entre um homem e uma mulher, ou ainda a presença, entre eles, de gozos parciais, chamados mais-gozar e gozo fálico. Não. O dito lacaniano enuncia a não relação para se opor a uma certa ideia que pretende traduzir a relação sexual como o momento culminante em que dois corpos são apenas um. É contra isso que Lacan se levanta: a ideia de que a relação sexual entre um homem e uma mulher forme um único ser. Esse era o mito de Aristófanes no *Banquete* de Platão.

Ora, não há nenhuma necessidade da prática clínica com nossos pacientes para sabermos que, em geral, entre

3. "Radiophonie", *in Scilicet* 2/3, Seuil, 1970, p. 65.

No ato sexual, cada um dos dois parceiros reduz-se ao objeto

um homem e uma mulher, o encontro é inevitavelmente discordante. Como gozam um e o outro? Não sabemos. Sabemos que a mulher goza de uma maneira diferente do homem. Os dois corpos não podem compor um, pois há uma divergência do gozo sexual. Expliquemo-nos. Numa relação sexual efetiva, o que está em jogo é a relação de um corpo com uma parte de outro corpo. Tanto o homem quanto a mulher gozam, cada qual, com uma parte do corpo do outro. Se um dos parceiros me contradissesse, explicando que goza com o corpo inteiro do outro, eu lhe responderia: "Talvez com o corpo inteiro do outro, mas reduzido a um objeto." Lembrem-se do "negócio" proposto por Sade em *Juliette: "Emprestai-me, senhora, a parte de vosso corpo que pode me satisfazer num instante, e desfrutai, se isso vos aprouver, da parte do meu que vos possa ser agradável."*

Numa relação sexual concreta, não se trata, pois, do gozo do corpo inteiro do Outro, como aconteceria com o místico que goza com Deus. De fato, quando alguns místicos dizem ter-se aberto corporalmente a Deus em seu êxtase, é com seu corpo inteiro que gozam. Mas, em contrapartida, quando se trata de um ato sexual efetivo, é com o corpo do Outro reduzido a um objeto que gozamos, com o Outro reduzido ao outro. Nossas perguntas retornam: "Quem é o outro?" "Quem é o parceiro numa relação sexual?" "No momento do orgasmo, quem é o outro?" O outro é um objeto parcial. Por isso, cada um dos dois parceiros reduz-se à condição de objeto, um para o outro.

*

* *

Quinta Lição

Corpo sexual

Corpo falante

Corpo imaginário

Um excesso tóxico de gozo

O tumor ocular

O analista reaviva o sentido

Como discernir o gozo na análise?

A função da escuta

O gozo só se apreende, só se concebe pelo que é corpo. Seja qual for a maneira como goza, bem ou mal, ele só pertence a um corpo de gozar ou de não gozar, ou, pelo menos, é essa a definição que daremos ao gozo.

J. Lacan

Alguns de vocês me pediram que aprofundasse, neste último encontro, a questão do corpo em psicanálise. Ora, vocês se deram conta de que, mesmo que eu não lhe tenha consagrado uma aula inteira, o conceito psicanalítico de corpo marcou a totalidade de nosso seminário e, mais particularmente, as exposições em que abordei as noções de objeto *a*, de desejo e de gozo.

Mas, antes de começar, eu gostaria de fazer uma observação preliminar concernente à relação do psicanalista com a teoria. Esses dias de trabalho, como vocês sentiram, foram colocados sob o signo de nossa relação com a teoria. Pois bem, que é a teoria, de fato, para nós? O lugar da teoria no analista, podemos dizê-lo numa palavra, é o lugar da verdade. Isso não significa que a teoria diga a verdade, mas, antes, que ela exerce uma função de verdade. Ou seja, ela determina em nós, consciente ou inconscientemente, um modo particular de ação analítica. Eu poderia, por exemplo, expor-lhes com muita clareza a articulação do gozo com o corpo; desenvolveríamos muito detalhadamente essas noções e, no entanto, seria possível que amanhã, instalados em seus consultórios, confrontados com o trabalho com seus pacientes, essas noções que houvéssemos estudado juntos não tivessem em vocês nenhum impacto de verdade. Seria possível que vocês saíssem de um seminário como o nosso, esclarecidos quanto ao conceito de corpo, mas sem que por isso se produzisse alguma modificação de sua escuta. Ora, o valor da teoria é, precisamente, determinar efeitos na escuta. O valor da teoria é um valor de verdade, sob a condição de que se conceba a verdade como uma causa eficiente. A verdade, em psicanálise, não se define segundo a adequação de uma palavra à coisa. Não é o enunciado que diz a essência de uma coisa. Não, o valor da verdade, para nós, analistas, reside em seu poder de determinação de um ato na análise. Essa é a melhor postura perante a teoria. Entretanto, essa disposição, essa abertura para os efeitos de verdade, não deve traduzir-se em nós por um interesse moderado pelas obras fundamentais da psicanálise. Muito pelo contrário, é preciso ler apaixonadamente. É preciso ler para compreender, aprender, ligar os conceitos. Isso é certo. Mas, saibam que essa vontade apaixonada de trabalhar os textos teóricos não é um gesto suficiente; é preciso ainda que as palavras, os conceitos e uma certa lógica do pensar tenham o poder de provocar efeitos concretos e visíveis no analista.

A teoria é uma verdade que nos faz agir

Que efeitos? Distinguirei três deles. Primeiro, e em termos muito simples, a teoria tem o valor prático de nos oferecer as palavras para dizer, numa linguagem comum, todos os fenômenos produzidos pelo inconsciente, que percebemos tanto em nossos analisandos quanto em nós mesmos. Segundo, o uso constante de conceitos e palavras analíticos favorece, no psicanalista, um singular aprimoramento de seus órgãos sensoriais, um alargamento do campo de suas percepções auditivas e visuais e, em particular, uma acuidade de percepção que nos deixa entrever a presença do gozar inconsciente mais além dos traços e das aparências de nosso analisando. Por fim, o

Três efeitos concretos da teoria

terceiro efeito prático e real provocado pela teoria é consolidar nossa participação na comunidade social dos analistas que falam a mesma língua teórica e trazem os mesmos ideais com que cada um de nós se identifica.

Estudamos e aprofundamos muito a teoria e, no entanto, eu me apercebo, à medida que o tempo vai passando e que meu conhecimento aumenta, de que a importância de uma teoria não se mede pela bitola do saber, mas por sua eficácia em determinar o modo de trabalho com nossos pacientes e até mesmo nossa maneira de viver, eu diria, quase, nosso estilo de vida. Simplesmente, antes de falar do corpo, eu gostaria de adverti-los: permaneçam abertos, não apenas para aprender a teoria — quanto a isso, sejam apaixonados — mas, acima de tudo, permaneçam despertos e digam a vocês mesmos: "A teoria me levará, inconscientemente, quando eu não esperar, a adotar uma escuta singular."

A teoria não teria esse poder de nos afetar e, através de nós, de afetar nossos analisandos, se não fôssemos apaixonados pela ação de trabalhar um texto, de retorcê-lo, de retrabalhá-lo com o corpo, até que o conceito se torne nossa verdade eficiente. Há que ser apaixonado pela teoria para que, em troca, ela tenha uma incidência sobre nós e nos faça agir sem que o saibamos. Então estaremos na posição do analisando, que tem que amar ou odiar, ser dominado pela paixão da transferência, para que seu dito tenha um valor de verdade. Sim, o psicanalista, em relação à teoria, está tão sujeito aos efeitos de verdade quanto o pode estar o analisando aos efeitos do inconsciente, salvo por uma condição: ser apaixonado. Muito bem! Abordemos agora o problema do corpo. Como lhe surgiu essa pergunta?

Foi a propósito de dificuldades que surgem em nossa prática analítica. Eu estava pensando, mais particularmente, nas afecções psicossomáticas e nos distúrbios orgânicos do corpo que aparecem no correr de uma análise.

Para lhe responder, eu gostaria, inicialmente, de voltar ao estatuto mais geral do corpo e redefini-lo segundo os dois parâmetros fundamentais que, convém lembrarmos, delimitam o campo psicanalítico. Esses parâmetros são, de fato, a fala e o sexo. Tudo que não é do domínio da fala ou do sexual situa-se fora de nosso campo. É como se, no frontispício do edifício teórico da psicanálise, estivesse gravado: "Os que aqui ingressam admitem e sabem que tudo o que encontrarem no interior estará marcado pela fala e pelo sexo." Contrariamente ao cirurgião, que se coloca diante do corpo de seu doente e o trata como um organismo, sem se preocupar em saber se ele fala ou goza, o psicanalista, por sua vez, deverá constantemente referir-se, direta ou indiretamente, aos parâmetros que são a fala e o sexo, e assim, conceber dois estatutos do corpo: o corpo falante e o corpo sexual.

Que é o corpo?...

Já em nossas duas últimas lições, havíamos chegado a uma definição muito avançada do corpo em sua condição de corpo sexual, que se reduz a sua parte gozosa. Tínhamos visto, por esse ângulo, que não existe corpo total, que o corpo é sempre uma parte e, mais substancialmente, que ele é o gozo local acumulado nessa parte. Lembremo-nos dos exemplos do pé do bailarino e dos olhos do *voyeur*, que nos permitiram compreender como o corpo era pura tensão, puro gozo, condensado num ou noutro desses órgãos. Assim, a partir de nossas interrogações sobre o objeto a, havíamo-nos situado desde logo na perspectiva do corpo sexual. Mas, que vem a ser um corpo sexual? Por que chamá-lo sexual? Porque o corpo é todo gozo e porque o gozo é sexual. Isso porque — não nos esqueçamos —, que outra coisa é o gozo senão o impulso da energia do inconsciente, quando ela é gerada pelos orifícios erógenos do corpo, quando ela se exprime, seja diretamente, pela ação, seja indiretamente, pela fala e pela fantasia, quando ela é esse ímpeto sempre guiado pelo horizonte inatingível da relação sexual incestuosa? O gozo, efetivamente, só pode ser sexual, porque a meta ideal a que ele aspira é sexual. E, portanto, tudo o que ele toca e acarreta em seu fluxo sexualiza-se, quer seja uma ação, uma palavra, uma fantasia, ou um dado órgão do corpo que se tenha tornado erógeno.

... um corpo sexual

*
* *

A análise se distingue (...)
por enunciar isto, que é o x de meu
ensino: falo sem saber. Falo com meu
corpo, e isso, sem saber. Assim,
sempre digo mais do que sei.

J. Lacan

... um corpo falante

Se considerarmos, agora, o outro parâmetro fundamental, o da linguagem, deveremos responder a uma pergunta: Que é um corpo falante? "Corpo falante" significa que o corpo que interessa à psicanálise não é um corpo de carne e osso, mas um corpo tomado como um conjunto de elementos significantes. O corpo falante pode ser, por exemplo, um rosto, na medida em que um rosto se compõe de linhas, expressões e traços diferenciados e ligados entre si. Pois bem, sejamos claros: o adjetivo "falante" não indica que o corpo fale conosco, mas que ele é significante, ou seja, que comporta significantes que falam entre si. Um rosto, em toda sua complexidade de elementos distintos, é algo diferente de uma expressão sugestiva. Quando um rosto suscita um sentimento, ele é um corpo-imagem; mas, quando o mesmo rosto desperta um dizer imprevisto, ele é um corpo-significante. Imaginemos o analista que vai buscar seu paciente na sala de espera e que, ao acolhê-lo, olha-o no rosto. Creio que é preciso ser muito receptivo ao rosto do analisando no momento de recebê-lo. De minha parte, esse é um gesto que me é habitual; é mais do que um gesto de acolhida, é o primeiro passo da sessão que se inicia. Muitos analistas não dão a mão. Quanto a mim, aperto a mão e, além disso, olho. Fico atento ao rosto e ao jeito do paciente, a sua maneira de se acomodar na sessão. Mas, esse corpo que desperta meu sentimento de simpatia ou antipatia não é o corpo significante. Ao contrário, esse rosto será significante na medida em que determine em mim, por exemplo, uma intervenção inesperada no correr da sessão. No instante exato em que vou buscar meu paciente, estou desligado de qualquer pensamento; volto-me para seu rosto e percebo a emoção que se pinta nele; entramos no aposento do divã, ele se deita, fala, eu o escuto e, num momento particular da sessão, surpreendo-me, subitamente, a intervir referindo-me, não tanto ao conteúdo de seu dizer, mas à articulação desse dizer com um traço do rosto que eu havia captado ao primeiro olhar, sem realmente me aperceber disso. Esse rosto é significante porque, do mesmo modo que a verdade, determina uma intervenção do psicanalista durante a sessão. Assim, o corpo significante não é o corpo evocador que me fala, mas o que está investido do poder de determinar, sem meu conhecimento, um ato na análise.

... um corpo imaginário

Mas, devemos ainda acrescentar uma terceira perspectiva para definir o corpo em psicanálise. O corpo, como vimos, é um corpo falante e sexual, mas é também — e essa será minha terceira proposição — uma imagem. Não minha própria imagem no espelho, mas a imagem que me é remetida pelo outro, meu semelhante. Um outro que não é, necessariamente, o próximo, mas qualquer objeto do mundo em que vivo. A imagem de meu corpo, acima e antes de tudo, é *fora* de meu corpo que a percebo. Ela me volta de fora para dar forma e consistência a meu corpo sexual, o do gozo. O corpo como imagem seria, antes, este relógio, meu relógio, ou então essa luminária de couro, ou ainda esta casa em que lhes falo. Esses objetos são imagem, minha imagem, desde que este relógio, esta luminária ou esta casa estejam carregados de um valor afetivo. Pois bem, afirmo que, desde que assuma intimamente um sentido para mim, esta casa, por exemplo, como imagem do corpo, é um prolongamento de meu corpo. Assim, denomino de corpo — terceira definição — qualquer imagem do corpo que reúna duas características: primeiro, que provenha do exterior, de um outro ser humano ou de qualquer objeto circundante que tenha uma forma que me fale; e segundo, que seja prenhe e se preste a abarcar os focos de meu gozo. Assim, o corpo sexual e gozoso permanece sempre velado sob as aparências imaginárias que capto do lado de fora.

Como estamos vendo, o corpo pode ser contemplado de três pontos de vista complementares: em primeiro lugar, do ponto de vista *real*, temos o corpo sinônimo de gozo; depois, do ponto de vista *simbólico*, temos o corpo significante, conjunto de elementos diferenciados entre si e que determinam um ato no outro; e por fim, o corpo *imaginário*, identificado com uma imagem externa e prenhe, que desperta o sentido num sujeito. São essas as três perspectivas que lhes proponho adotar, para definir o corpo no interior do campo psicanalítico.

*

A propósito do corpo-gozo. Se o corpo, para a psicanálise, é sempre parcial e é apenas gozo, isso quereria dizer que o corpo puramente orgânico, o de carne e osso, seria o corpo total, ou seja, o corpo de onde é destacada sua parte gozosa?

"Só existe gozo do corpo." J.L.

A pergunta é pertinente, mas, ao mesmo tempo, é difícil, pois concerne à relação delicada e repleta de nuanças entre o corpo e o gozo. Tudo depende da acepção que dermos aos termos. Ocorre que Lacan formulou dois princípios, aparentemente contraditórios, para definir o gozo. Em 1967, Lacan voltou muitas vezes ao conceito de gozo em sua relação com o de corpo. Eis as duas formulações que repetiu inúmeras vezes: "Só existe gozo do corpo" e, quase na mesma época, ele afirmou, ao contrário, "a disjunção entre o corpo e o gozo". Segundo minha leitura, esses ditos lacanianos não são contraditórios, desde que admitamos que a palavra "corpo" é empregada com uma acepção diferente em cada uma dessas formulações. Na primeira, "só existe gozo do corpo", é preciso entender a palavra "corpo" como um corpo parcial. Foi esse o sentido que sustentamos ao longo de todo este seminário. Note-se que poderíamos ter dado uma outra interpretação, igualmente legítima, que teria consistido em afirmar, simplesmente: a condição necessária e suficiente do gozo é a existência de um corpo vivo —

só haveria gozo de um corpo orgânico vivo. Quando não há vida, não há gozo. Para que um corpo goze, também é preciso que esteja vivo.

A segunda formulação de Lacan, "o gozo é disjunto do corpo", assume um sentido complementar ao primeiro dito, sob a condição de traduzirmos a palavra "corpo", como acabamos de fazer, por "corpo de carne e osso". Tratar-se-ia do corpo orgânico, considerado como o fundo de não gozar sobre o qual se destaca o gozo parcial condensado num segmento corporal, como o pé do bailarino ou os olhos do *voyeur*. O gozo é, de fato, radicalmente disjunto do corpo, sim, desde que consideremos esse corpo como o corpo orgânico, aquele de que a psicanálise não tem que se ocupar. Podemos ainda ler essa segunda formulação de Lacan traduzindo-a assim: o gozo parcial é disjunto do corpo orgânico, considerado como um corpo total, o corpo do Outro, o corpo fictício do qual se haveria destacado uma parte gozosa.

Finalmente, o problema levantado por Lacan com seus dois princípios relativos ao gozo remete à relação dialética da parte com o Todo. Nesse par, a psicanálise privilegia a parte, porque, na vida do inconsciente, só existe o parcial. Quer estejamos na dimensão do real, do simbólico ou do imaginário, continuamos sempre dentro dos limites do parcial. Se nos ativermos ao estatuto real do corpo, reconheceremos que o gozo é sempre parcial e, por conseguinte, já que o corpo é gozo, concluiremos que também o corpo é definitivamente parcial. E até afirmaremos que o corpo se encerra e se reduz no próprio fato de gozar. Se, desta vez, nos ativermos ao estatuto imaginário do corpo, será novamente o parcial que se confirmará. Quando reconheço esta casa como uma forma carregada de sentido, e quando esse próprio sentido é a imagem de meu corpo, é a dimensão do parcial que predomina, pois não é a casa inteira, mas um de seus aspectos, que me dá consistência. Também um rosto só é corpo significante como corpo parcial, pois o elemento distinto que está na origem de um ato no analista sempre se limita a uma parte do corpo, um brilho do olhar, um franzir da boca ou uma mancha de rubor. Forçosamente, há apenas um único elemento que age, e ele pertence à ordem do *Um*. Assim, o caráter de parcialidade prima, incontestavelmente, na análise, seja por reduzirmos o significante ao *Um*, seja porque a imagem é sempre uma parte, seja, ainda, porque o gozo é sempre um gozar local.

A ficção do corpo total

Como se vê, o problema da parcialidade reside na ambiguidade da palavra "parcial", pois ela permite supor a complementaridade necessária de um Todo. Se digo que o objeto é um objeto parcial, minha afirmação pressupõe a condição prévia de um Todo do qual o objeto se haveria destacado. Esse enunciado seria legítimo, desde que a totalidade de que o objeto tivesse sido extraído fosse uma totalidade fictícia. É isso que Lacan quer dar a entender, quando afirma que o Outro maiúsculo não existe. Em psicanálise, só existe totalidade na ficção. Temos duas ilustrações, das mais esclarecedoras, do corpo tomado como totalidade fictícia. Primeiro, a imagem total do corpo humano percebida pela criança do estádio do espelho. Lembrem-se que, para Lacan, a criança descobre no espelho a unidade imaginária de um corpo que, na realidade, são apenas sensações múltiplas e dispersas. O outro exemplo de corpo global e fictício é o da mãe em relação aos objetos parciais que dela se destacam, como o seio, relação esta de que já tratamos durante nossa terceira lição. Dito isso, não sejamos pejorativos demais no tocante às totalidades, porque as totalidades são necessárias à constituição do imaginário e, além disso, necessárias à eficácia do simbólico. A ficção do Todo, que Lacan teria incluído como uma das figuras fundamentais do semblante, é tão indispensável à vida simbólica quanto pode sê-lo a mentira originária que Aristóteles qualificava de *proton pseudos*.

*
* *

Mas, eu gostaria de abordar o problema que vocês levantaram, do analista em dificuldade diante de uma presença maciça do corpo na análise. A primeira maneira de se situar perante essa dificuldade, para o analista, consiste em ter uma teoria e colocá-la à prova. Para se instalar na escuta, algumas condições são necessárias: ter uma teoria, e depois substituí-la por uma fantasia que seja, ao mesmo tempo, derivada dos conceitos e calcada no dizer concreto do paciente. Em seguida, uma vez preparado dessa maneira, dispor-se para a escuta esquecendo tudo isso, teoria e fantasia, sem se defender do esquecimento. Ora, justamente, como teorizar as afecções psicossomáticas, e até as doenças orgânicas surgidas no correr do tratamento? Que teoria empregar? Segundo os três estatutos do corpo que acabamos de destacar, está claro que, nessas afecções, um dos corpos rompe o atamento do real, do simbólico e do imaginário para irromper maciçamente na cena da análise. Que corpo, a não ser o corpo real e gozoso que, à maneira de um transbordamento de gozo, transtorna o corpo de carne e osso do sujeito?

Um excesso tóxico de gozo...

Pois bem, qual é a teoria freudiana para explicar as afecções orgânicas que sobrevêm durante a análise? Na verdade, Freud não ficou indiferente às afecções orgânicas do corpo, explicando sua psicogênese por uma intensificação excessiva do papel erógeno do órgão, a ponto de perturbar suas funções fisiológicas, ou até lesar seus tecidos. Numa conferência notável, realizada em 1910 e dedicada ao distúrbios histéricos da visão,[1] Freud foi levado a considerar os distúrbios orgânicos da visão e lançou as bases de uma teoria psicanalítica capaz de explicar a parcela de determinação psíquica no aparecimento de alterações somáticas. Um órgão do corpo que cumpre normalmente sua função fisiológica vê-se, de repente, maciçamente investido pela libido, que assim o transforma no equivalente de um órgão genital. O papel funcional é desviado em prol do papel erógeno. Mas, às vezes, ocorre que a libido se acumula e estagna nele a tal ponto que o órgão é atacado em seu substrato celular. Para descrever esse estado mórbido de um gozar excessivo,

1. "Le trouble psychogène de la vision", *in Névrose, psychose, perversion*, Paris, P.U.F., 1978, p. 173 ["A concepção psicanalítica da perturbação psicogênica da visão", Edição Standard Brasileira das Obras Psicológicas Completas de Sigmund Freud, vol. XI, Rio, Imago, 1ª ed.].

Freud empregou a expressão "alterações tóxicas" da substância orgânica, devidas a uma "estase da libido", ou ainda, a uma "intensificação da significação erógena do órgão". Podemos ver claramente como o corpo real do gozo confisca o órgão, destrói seus tecidos à maneira de um agente tóxico, e invade o espaço da análise.

... faz o órgão adoecer

Foi justamente a propósito dessas manifestações atípicas do corpo na análise, bem como de outras exteriorizações do extravasamento do gozo, como, por exemplo, a atuação ou a alucinação, que pude propor, como um complemento à teoria lacaniana do objeto *a*, o conceito de "*formações do objeto* a". Essas formações psíquicas caracterizam-se por um dado fundamental: o gozo predomina e parece haver rompido o dique do recalcamento, ou, num outro vocabulário, parece ter derrubado a barreira do falo.

Diante dessas formações de *a*, o analista sempre toca nas fronteiras de sua ação, e seu lugar é subvertido em tamanho grau que ele é obrigado, todas as vezes, a redefinir seu papel. Quando o gozo irrompe maciçamente numa análise, seja por uma tentativa de suicídio, uma atuação grave, ou ainda, um ataque somático, somos inevitavelmente interrogados sobre a capacidade de nossa teoria de dar conta desses fatos clínicos, e sobre nossa própria capacidade de preservar o contexto da análise e conter o impacto que significa, para cada um de nós, a experiência de enfrentar o real numa análise.

*

Uma ilustração clínica

Eu gostaria, justamente, de ilustrar a presença de uma formação gozosa do objeto *a* no cerne do tratamento analítico, relatando-lhes o caso de uma analisanda que sofreu de uma grave doença orgânica durante a análise.

Algumas semanas atrás, eu estava acompanhando uma paciente até a porta de meu consultório. Sem prestar muita atenção, olhei para seu rosto e, de repente, tive a impressão de que seu olho estava ligeiramente exoftálmico. Espontaneamente, perguntei-lhe: "Que é que você tem no olho?" — "Não... nada", retrucou ela. "Faz algum tempo que estou sentindo isso." E, levando a mão à têmpora, acrescentou: "Olhe... nestes últimos dias, tenho tido dores de cabeça com frequência." Respondi prontamente: "Você não fez uma consulta?" Ela respondeu negativamente. Sugeri-lhe, então, que marcasse uma consulta com um especialista. Não sei se essa anomalia ocular já estava presente desde muito antes. O fato é que ela foi imediatamente ao oftalmologista, que, depois de alguns exames, diagnosticou um tumor benigno, localizado na meninge supra-orbital, que também havia atingido o osso frontal. Pouco antes de minha partida de Paris, ela foi operada com êxito.

Com essa breve ilustração clínica, eu quis mostrar, antes de mais nada, uma certa disposição do analista que é essencial a sua prática. Uma predisposição que escapa à premeditação consciente e intencional e que, com o tempo, torna-se inteiramente natural para ele: receber o paciente no rosto, recebê-lo no corpo, tal como recebi essa paciente. Só percebi a anomalia do olho no cerne de minha escuta, de uma escuta em ação há dois anos de análise, e que, nesse momento, tornou-se sensivelmente receptiva: deixar chegar, depois entrar, quase como se eu entrasse no olho da paciente. Como se eu entrasse em seu olho através de meu próprio olho, movido por minha escuta. De outra maneira, tenho certeza, eu jamais teria percebido a exoftalmia. Para apreendê-la, foi preciso que eu fosse incluído no corpo da analisanda. Que corpo? No corpo reduzido a seu olho enfermo. E que é o olho enfermo senão um órgão de gozo, um corpo gozoso? Mas, eu deveria deixar isso mais claro e dizer que, para apreender a exoftalmia, sinal de um gozo mórbido, foi preciso que eu mesmo fosse, simultaneamente, tanto o gozar mórbido do tumor quanto o gozo de um olhar. Lembrem-se da proposição lacaniana que qualifica a posição do analista como a do mais-gozar, a do objeto *a*. Pois bem, temos aqui duas imagens diferentes desse mais-gozar, e portanto, duas facetas do lugar que o analista deve ocupar para assumir sua função: ser o próprio tumor e ser o olhar que capta o tumor.

O analista é, ao mesmo tempo, o gozar do tumor e o gozar do olhar que o capta

O senhor explicou o aparecimento do tumor como uma subversão, pelo real, do nó real-simbólico-imaginá-

rio. O senhor diria, então, que o corpo da paciente reduz-se exclusivamente à simples presença nociva do real?

Tudo depende do ponto de vista em que nos colocamos. É verdade que o sofrimento somático da analisanda rompeu o equilíbrio dos três estatutos do corpo, em favor de uma supremacia do real na transferência, mas a análise existe, ou seja, o enquadre analítico e o analista existem para que o real, mesmo o mais recalcitrante, seja reincorporado no mundo do sentido. Qualquer acontecimento, enquanto incluído na relação transferencial, pode ser simultaneamente contemplado de acordo com as diferentes perspectivas, real, simbólica e imaginária. Do ponto de vista *real*, na verdade, o tumor da paciente reduz-se à compacidade de um gozo que a deixa gravemente enferma. Quando afirmamos que essa lesão orgânica pertence à dimensão do real, queremos não apenas expressar que ela se situa fora de qualquer filiação simbólica, mas também confessar a deficiência de nosso saber. Dizer que o tumor é o real equivale a dizer que não compreendemos nem a natureza de sua substância gozosa, nem a causa de sua ocorrência.

Ora, se nos colocarmos, agora, no ponto de vista *simbólico*, a irrupção dessa anomalia no corpo constituirá um acontecimento significante no caminho da análise. Mesmo que ignoremos o em-si do gozo, estamos ali, insisto, para que esse acontecimento adquira um sentido. Ou seja, mesmo sendo significante, o acontecimento se oferece a nós como um signo do qual extraímos um sentido. Nem que seja o sentido que, no exato momento em que lhes falo, estou elaborando com vocês. Nas sessões que se seguiram com essa analisanda, ocorreu-me interpretar a emergência de sua doença, não como um acontecimento fortuito, mas como um acontecimento predeterminado, psiquicamente predeterminado. É que sabemos, desde Freud, que o acaso desaparece a partir do momento em que produzimos um sentido. Acreditamos, como qualquer um, que o acaso existe, mas enquanto permanece inexplicado, isto é, real. Em outras palavras, o acontecimento continua a ser fortuito enquanto não é interpretado; nessa situação, o acaso existe; e ele deixa de ser fortuito tão logo lhe atribuímos um sentido, quando então o acaso deixa de existir. A propósito disso, eu gostaria de citar uma frase sucinta de Freud: "Creio no acaso externo real, mas não creio no acaso interno psíquico."[2]

O primeiro sentido que me ocorreu, muito geral, foi acreditar, numa suposição causalista, que a irrupção do tumor e a reação do analista eram acontecimentos que estavam "à espera" de se produzir, que tinham, inevitavelmente, que ocorrer. Pensei, mas não comuniquei isso à paciente: "No fundo, tenho a impressão de que você veio para a análise unicamente para que existisse aquele momento singular em que eu lhe perguntei: que é que você tem no olho?"

Aí têm vocês os diferentes gestos do analista que revestem de sentido o fato bruto do real e contemplam o tumor de um ponto de vista simbólico. O primeiro gesto consistiu em incitar a paciente a consultar um especialista, um gesto de bom senso; o segundo foi inventar uma hipótese finalista para tentar explicar a causa inexplicável de um tumor; e por fim, o gesto de que vocês agora foram testemunhas, o de comentar, no presente e com vocês, essa experiência clínica. Restaria ainda situar brevemente o tumor sob o ângulo *imaginário*. Ocorreu-me, nos meses seguintes, trabalhar com essa paciente pedindo-lhe que desenhasse numa folha de papel a imagem do tumor situado entre a meninge e a arcada orbital.

O analista engendra sentido

Todos esses gestos, geradores de sentido, mostram que o analista, diante do real, não tem outra saída senão ocupar o lugar do mestre, produtor de sentido. É como se o analista, ao atribuir um sentido a um acontecimento heterogêneo por natureza, tentasse reconstituir a cadeia simbólica que havia até então estruturado a relação transferencial. Uma cadeia que foi rompida no momento em que a irrupção maciça do gozo estourou um dos elos significantes. O psicanalista, ao dar sentido, assume o

2. *Psychopathologie de la vie quotidienne*, Paris, Payot, 1984, p. 276 [*Sobre a psicopatologia da vida cotidiana,* E.S.B., *op. cit.*, vol. VI, R, 2ª ed. revista, 1987].

lugar do mestre e entra na cadeia para ocupar o lugar do elo arrancado, para ocupar o lugar do significante foracluído. Ao dar um sentido, o psicanalista efetua o movimento inverso ao da foraclusão, efetua, por assim dizer, uma contraforaclusão.

Em suma, tudo o que nasce e se desenvolve no solo da análise pode ser contemplado por diversas perspectivas, que de modo algum são incompatíveis. Nada impede que essa lesão produzida no real se insira num encadeamento histórico, sobredeterminado e, portanto, simbólico. O fato de a paciente haver procurado a análise, haver iniciado seu tratamento, de ocorrer esse episódio e de advir o que advier no correr das próximas sessões, tudo isso é simbólico. Mas nada disso impede, tampouco, de continuarmos a considerar o tumor em si como um excesso de gozo, como um real que invadiu desmedidamente a transferência. Acrescentemos, para completar, que, à semelhança de qualquer formação psíquica produzida no âmago de uma análise, seja ela uma formação do inconsciente ou uma formação do objeto *a*, esse episódio também encontra seu lugar no imaginário.

Como entender que o senhor tenha tomado a iniciativa de orientar a paciente a procurar um médico? Isso não é uma intromissão na vida do paciente, não poderíamos dizer que o senhor deixou o quadro habitual da análise?

Primeiramente, devo dizer-lhe que, durante os dias que cercaram esse episódio, várias vezes reparei que minha paciente estava exprimindo, naquele momento e em seu corpo, a tensão de um gozo que não era o dela, mas aquele que é característico da própria relação analítica. Nunca duvidei da partilha do tumor no seio da análise, porque estou convencido de que, à semelhança do inconsciente único, o lugar do gozo na análise é também o do entre-dois. Quando dizemos que o corpo é uma parte e que essa parte é uma substância gozosa, é preciso compreender que o lugar desse corpo na análise é o intervalo entre a poltrona e o divã, e que esse lugar é também, precisamente, o do psicanalista.

Assim, quando você me formula a pergunta sobre o sentido de minha intervenção que visou a orientar a paciente para um oftalmologista, respondo-lhe de imediato que, diante de um evento de gozo como esse, e diante, até, de qualquer evento do inconsciente, as atitudes do analista podem ser muito variadas, embora permaneçam coerentes. Discordo profundamente do preconceito que encerra o analista na alternativa grosseira de ser puramente analista, ou não ser nada. Essa é uma visão dogmática e artificial da função analítica. Creio, ao contrário, que a ação analítica reúne diversas posturas possíveis do clínico, todas elas legítimas, dentre as quais a postura estritamente analítica, a de representar — como nos mostrou Lacan — o objeto *a*. Mas essa postura, que, aliás, é rara, evidentemente não é a única. Se retomarmos os termos dos quatro discursos estabelecidos por Lacan, acontece ao analista ocupar, alternadamente, o lugar do *mestre* que governa, da *histérica* que seduz, do *saber* que ensina e, naturalmente, o *lugar analítico* propriamente dito, motor da análise.

O psicanalista ocupa, alternadamente, diferentes lugares...

Nesse episódio que lhes relatei, quais são as diferentes posições que podemos identificar concretamente? Considerarei três delas. Primeiro, a de ocupar o lugar do gozo, ou, como repetimos muitas vezes, o lugar do objeto *a*. E isso, de duas maneiras: ficar no lugar do próprio tumor e ficar no lugar do olhar que captou o tumor. Devemos formular isso cruamente: o analista é encarnado pelo tumor, foco intenso de gozo, como se estivesse colhido no sofrimento do olho.

... o lugar do tumor

Desse exemplo, no entanto, destaca-se mais outra postura adotada pelo analista, a que se esboça no momento em que, preocupado com o acompanhamento médico, ele aconselha a analisanda a consultar um especialista. Se eu tivesse de qualificar esta última posição, eu a chamaria, conforme Lacan, a "posição do *mestre*", na medida em que o gesto de aconselhar atribui-me um papel de autoridade. A esse respeito, eu gostaria de voltar a alguns detalhes do episódio clínico com essa paciente e confirmar o fundamento da posição de mestria. Quando a paciente soube do diagnóstico e compreendeu que teria de ser operada, ficou profundamente transtornada e angus-

... o lugar do mestre, produtor do sentido

tiada. Propus-lhe, então: "Não vamos apressar-nos, é sempre preferível ouvir uma outra opinião e consultar um segundo cirurgião." Durante todo esse período, não hesitei em manter essa atitude. Não tive nenhum problema em agir assim. Quando a data da operação foi marcada, tomei a iniciativa, com a concordância de minha paciente, de telefonar ao neurocirurgião para lhe comunicar meu desejo de ser mantido a par do prognóstico e da evolução da situação. Ele me atendeu esplendidamente, explicando-me com detalhes a natureza do problema e manifestando sua surpresa diante do fato de essa paciente ter-lhe sido encaminhada por um psicanalista, na hora exata de ele poder intervir antes que a lesão se agravasse. Na véspera da operação, como havíamos combinado, o cirurgião participou à paciente nossa conversa telefônica, o que teve o efeito decisivo, a meu ver, de assegurá-la tanto da presença do analista quanto da confiança que ela podia ter no cirurgião. Depois da operação, recebi notícias dela e soube que tudo havia transcorrido normalmente.[3]

Certamente, não lhes estou indicando uma maneira típica de proceder; esse foi o meu modo de intervenção, num caso muito particular. Confrontados com uma situação similar, é provável que outros analistas interviessem de maneira diferente. Se lhes acontecer sentirem-se tentados a intervir com um procedimento próximo do meu, e vocês ficarem em dúvida, nesse caso, principalmente, não intervenham! Quando o analista hesita entre falar ou calar-se, que se mantenha calado e permaneça numa posição de reserva, que é a mais sadia. O psicanalista não trabalha apenas dizendo a si mesmo: esse tumor é uma formação do objeto *a*, um excesso tóxico de gozo; também se posiciona como mestre que tem o cuidado de

3. Hoje, em 1992, devo dar ao leitor ciência de que, após esse episódio doloroso, que transtornou por vários meses o quadro da análise, o tratamento dessa paciente prosseguiu, foi concluído e se abriu para projetos satisfatórios de vida. Quando, ao redigir estas páginas, telefonei a essa moça para lhe pedir autorização para evocar nossa experiência neste livro, ela me deu sua plena concordância, com muita emoção. Com sua emoção, reencontrei a minha: a que todos experimentamos depois de haver tocado tão de perto os limites da vida.

regular, da melhor maneira possível, a disjunção de que Lacan fala entre o corpo orgânico e o gozo. É como se o psicanalista tentasse, por meios diferentes — inclusive a mestria —, assumir a função de comporta do falo, para evitar que o gozo seja mórbido demais e destrua ou devore o corpo orgânico.

... o lugar do falo, regulador do gozo

Justamente, a terceira e última posição do analista que se destaca dessa sequência clínica é a do analista que, por sua presença e sua escuta, materializa o significante, *Um* significante que reintegra a cadeia simbólica no lugar do elo que falta, e repõe em marcha a repetição. Dizer que o analista fica no lugar de um significante que reativa a cadeia, ou dizer que o analista fica no lugar do falo que regula o gozo, são expressões equivalentes. Mas, não vamos esquecer que, quando o psicanalista consegue aliar-se a essa função do *Um* (S_1) e, com isso, à de toda a cadeia (S_2), é justamente graças ao fato de não hesitar quando chega o momento de se fazer gerador de sentido.

O analista se faz significante...

Agora vocês compreendem que todas essas posições, longe de serem incompatíveis entre si, coexistem no analista. Vamos resumir isso em termos sucintos: o analista que percebe a exoftalmia está no lugar do objeto *a*, representado pelo tumor e pelo olhar; o analista que orienta a paciente para um médico, participa de suas dificuldades e constrói hipóteses para dar conta de um fato que, afinal, é inexplicável, está no lugar de S_1, representado pela mestria geradora de sentido; e, por fim, o analista que, através de sua escuta, fica também no lugar de S_1, mas, dessa vez, na condição do significante que faltava na cadeia, repõe em marcha a ronda da repetição e faz com que a análise continue.

... e reimpulsiona a análise

* * *

Ainda na perspectiva da presença do corpo na análise, como distinguir teoricamente uma lesão orgânica, como a do tumor ocular, de um sintoma de conversão histérica, como pode ser, por exemplo, uma diminuição passageira do campo visual?

Diferença entre as formações do inconsciente e as do objeto a

Sua pergunta me leva de volta à distinção que estabeleci entre as formações do inconsciente, das quais o sintoma neurótico é o protótipo, e as formações do objeto *a*, das quais a lesão orgânica é uma boa ilustração. Dividirei as diferenças entre essas formações em duas partes. Sua diferença, examinada do ponto de vista da transferência, e depois, a diferença mais teórica, considerada do ponto de vista metapsicológico.

Lembremos, de início, nossas colocações das primeiras aulas sobre o inconsciente. Vocês hão de ter facilidade em aceitar que a emergência de uma formação do inconsciente, como o sintoma histérico de que você falou, é uma atuação significante do inconsciente e, por conseguinte, também da transferência. Nesse momento, os significantes se deslocam, ordenados através e à revelia dos parceiros analíticos, e, unindo-se pontualmente no ato de um dito ou de um esquecimento, tecem o vínculo transferencial. Um dos parceiros diz e, sem saber o que diz, faz com que a transferência exista. Ao dizer, ele prova em ato que os significantes circulam e continuarão a circular entre o analista e o paciente.

O fazer é a expressão clínica das formações do a

Ora, as formações psíquicas do objeto *a*, e tivemos um exemplo delas no tumor ocular, também estabelecem um vínculo transferencial, porém de maneira estranha e muito mais difícil de admitir. Elas estabelecem o vínculo por fusão, e não por ligação. Soldam o analista e o analisando num lugar bem determinado, compacto e descomensurado, que identificamos como o lugar do mais-gozar (objeto *a*). Esse lugar não se apresenta como o significante, à maneira de um dito inserido numa sequência de linguagem, mas se manifesta como um fazer, como um evento maciço, intempestivo e, às vezes, brutal. O fazer é a expressão clínica dessas formações do objeto, e é num fazer que a transferência se resume. Quer se trate de fantasias inconscientes, alucinações episódicas, de uma tentativa de suicídio ou, ainda, de uma lesão tumoral, como a que acabamos de comentar, todas essas são configurações marcadas pelo selo de uma ação bem definida e perfeitamente isolável do relato do analisando. Quer sejam representadas por um dizer no interior do relato, no caso da fantasia, ou atuadas do lado de fora, no caso da passagem ao ato, da alucinação ou do delírio, todas essas formações se apresentam aos olhos do psicanalista como imagens ativas, onde prima uma parte gozosa do corpo. Fantasiar, alucinar ou padecer de um órgão enfermo são "fazeres" cujo elemento ativo não é o sujeito, mas uma região autônoma e delimitada do corpo, que domina o conjunto da realidade transferencial.

Quando do aparecimento de uma das formações do objeto, os elementos corriqueiros da realidade da análise (significantes, sentidos, imagens, ficções) parecem reabsorvidos num único foco ativo, para onde tudo converge. Nesse momento, a transferência já não se desdobra, estruturada como uma linguagem, mas se encerra numa ação, numa colocação em prática objetal. Nas formações do inconsciente, o ato é reimpulsionador e os significantes estabelecem vínculos através de seu entrelaçamento em rede; aqui, o fazer é uma suspensão e o objeto *a* cristaliza a relação analista/analisando num gozar compacto e terminal.

Em suma, essas diversas formações psíquicas, mais frequentes na análise do que se supõe, e que atualizam a transferência num evento compacto, heterogêneo aos significantes, ou, ao contrário, compatível com os significantes, como no caso particular da fantasia, eu as agrupei sob o nome de *formações do objeto* a.

*

Se considerarmos, agora, a distinção entre as formações do inconsciente e as formações do objeto *a* segundo sua estrutura psíquica, isto é, segundo o mecanismo que as produz, descobriremos que as do objeto são produzidas por foraclusão. Assim, o sintoma de conversão histérica explica-se pelo *recalcamento*: o sintoma, como, por exemplo, o estreitamento histérico do campo visual, é o substituto (S_1), no corpo, de uma representação recalcada no inconsciente (S_2). Diremos que, na formação de um sintoma neurótico, a articulação significante S_1/S_2 é mantida. Inversamente, a lesão orgânica, como, aliás, todas as outras formações do objeto *a*, com exceção da fantasia, resulta de um mecanismo de *foraclusão*. Ou seja, nesse caso, nenhum substituto (S_1) da representação recalcada (S_2) advém onde era esperado. E, por conseguinte, não há nem metáfora nem cadeia simbólica. A relação de um significante (S_1) com outro (S_2), nesse caso, é rompida. É como se, na foraclusão, o significante não mais fosse destinado a outros significantes, como se os significantes já não se articulassem entre si. A partícula "para", da fórmula lacaniana "Um significante representa o sujeito *para* outros significantes", é abolida na foraclusão, e o vínculo significante se desfaz.

Mas, concretamente, como pode o analista distinguir, na prática, uma formação psíquica produzida por recalcamento de uma formação psíquica produzida por foraclusão?

Para distinguir uma formação do objeto de uma formação do inconsciente...

Podemos destacar dois critérios mínimos. Em primeiro lugar, no caso do sintoma histérico provocado por recalcamento, como uma redução do campo visual, por exemplo, o órgão afetado — nesse caso, o olho — preserva o valor simbólico de ser um elo entre outros numa cadeia significante. Em segundo lugar, e isso é essencial, o psicanalista pode considerar-se parte integrante dessa mesma cadeia de elementos significantes. Ele é, desde logo, um elemento entre outros da cadeia, e eu diria até que, por sua escuta, representa a cadeia. A função da escuta, como campo aberto a qualquer evento possível numa análise, pode ser grafada com a notação lacaniana S_2. O significante S_2 simboliza a escuta. Foi precisamente esse significante S_2 que, através da produção de sentido, tentei restabelecer durante o difícil período que cercou a operação cirúrgica de minha analisanda. A partir de minha escuta (S_2), pude representar um significante (S_1) que se inseriu na cadeia inconsciente, para assim reativar a transferência.

No entanto, o gesto analítico mais típico que permite ao analista reimpulsionar a cadeia é a interpretação. Uma interpretação que, com todo o seu impacto significante, tenha o poder de inserir-se na ronda dos significantes, de reativar a repetição e favorecer a substituição do sintoma

... observem a conduta do psicanalista

histérico por um outro significante. Pois bem, essa função eminentemente significante do analista e de sua ação interpretativa não vigora, desde logo, no caso de uma doença orgânica que sobrevenha durante a análise, como o tumor de minha paciente. É que, em princípio, a lesão do órgão resiste a se integrar em qualquer cadeia ou filiação simbólica. Diante da lesão orgânica, o analista fica desprovido de todo o poder significante, e sua melhor interpretação é a impotência de penetrar na compacidade do gozo. Resta-lhe, todavia, a difícil possibilidade de "atacar" a lesão orgânica, não de frente, mas de passagem — como vimos —, através do caminho desviado da produção do sentido. Em nosso exemplo do tumor, não pude fazer nenhuma interpretação e tive que me decidir a dar sentido, ação que acabou por se revelar eficaz.

Numa palavra, se vocês quiserem diferenciar a lesão orgânica do sintoma conversivo e, em termos mais gerais, uma formação de objeto *a* de uma formação do inconsciente, será preciso, antes de mais nada, observar a conduta do psicanalista e os efeitos de sua ação junto ao paciente.

*

* *

Índice Geral

Referências

Alguns conteúdos da primeira lição foram abordados em "Entretien avec J.-D. Nasio", entrevista realizada por Maryvonne Rouillier, publicada em Pratiques Corporelles, *n. 91, junho de 1991.*

Alguns conteúdos da segunda lição foram abordados na entrevista de J.-D. Nasio realizada por N.-E. Thévenin, "Dramatiser un concept en psychanalyse", publicada em Futur Antérieur, *n. 2, L'Harmattan, 1990; posteriormente retomados e modificados em "L'Inconscient aujourd'hui", publicado em* Bloc-notes, *Genebra, abril de 1992.*

Coleção Transmissão da Psicanálise

Não Há Relação Sexual
Alain Badiou

Fundamentos da Psicanálise de Freud a Lacan
(3 volumes)
Marco Antonio Coutinho Jorge

Trabalhando com Lacan
Alain Didier-Weill e Moustapha Safouan (orgs.)

Por Amor a Freud
Hilda Doolittle

A Criança do Espelho
Françoise Dolto e J.-D. Nasio

O Pai e Sua Função em Psicanálise
Joël Dor

A Psicanálise de Crianças e o Lugar dos Pais
Alba Flesler

Freud e a Judeidade
Betty Fuks

A Psicanálise e o Religioso
Phillipe Julien

O Que É Loucura?
Simplesmente Bipolar
Darian Leader

Freud
Octave Mannoni

Cinco Lições sobre a Teoria de Jacques Lacan
Como Agir com um Adolescente Difícil?
Como Trabalha um Psicanalista?
A Dor de Amar
A Dor Física
A Fantasia
Os Grandes Casos de Psicose
A Histeria
Introdução à Topologia de Lacan
Introdução às Obras de Freud, Ferenczi, Groddeck, Klein, Winnicott, Dolto, Lacan
Lições sobre os 7 Conceitos Cruciais da Psicanálise
O Livro da Dor e do Amor
O Olhar em Psicanálise
Os Olhos de Laura
Por Que Repetimos os Mesmos Erros?
O Prazer de Ler Freud
Psicossomática
O Silêncio na Psicanálise
J.-D. Nasio

Guimarães Rosa e a Psicanálise
Tania Rivera

A Análise e o Arquivo
Freud – Mas Por Que Tanto Ódio?
Lacan, a Despeito de Tudo e de Todos
O Paciente, o Terapeuta e o Estado
A Parte Obscura de Nós Mesmos
Retorno à Questão Judaica
Sigmund Freud na sua época e em nosso tempo
Elisabeth Roudinesco

O Inconsciente a Céu Aberto da Psicose
Colette Soler

Este livro foi composto em Times New Roman
e impresso em papel offset 75g/m² e cartão triplex 250g/m²
por Paym Gráfica e Editora em março de 2017.